Gert Ueding
Rhetorik des Schreibens

Athenäum Taschenbücher
Sprachwissenschaft

Gert Ueding

Rhetorik des Schreibens

Eine Einführung

2. Auflage

Athenäum

Lektorat: Horst Linder

CIP-Kurztitelaufnahme der Deutschen Bibliothek

Ueding, Gert:
Rhetorik des Schreibens : e. Einf. / Gert Ueding. –
2. Aufl. – Frankfurt am Main : Athenäum, 1986.
  (Athenäum-Taschenbücher ; 2181 : Sprachwissen-
  schaft)
  ISBN 3-7610-2181-X
NE: GT

2. Auflage 1986
© 1985 Athenäum Verlag GmbH, Frankfurt am Main
Druck und Bindung: Clausen & Bosse, Leck
Printed in West-Germany
ISBN 3-7610-2181-X

„Zwischen utopischem Roman und Sachbuch bietet die Wirklichkeit Raum genug für eine exakte und sensible Prosa. Nie hatte der Schreibende mehr Grund, mehr Möglichkeiten, den Menschen zu verwirklichen, disparate Wirklichkeit zu humanisieren."

Wolfgang Promies

Inhalt

Einleitung: Von der praktischen Beredsamkeit und ihrer Theorie

Erst seit Mitte der sechziger Jahre begann die deutsche Rhetorikforschung Anschluß an die internationale Entwicklung zu gewinnen, deren hoher Standard vor allem durch amerikanische Wissenschaftler bestimmt war. Seither gibt es eine kaum noch übersehbare Fülle von Einzelforschungen zur Geschichte der Rhetorik in ihrer Theorie und Praxis seit der Antike, zu ihrer grundlegenden Wirksamkeit in der gesamten europäischen Bildungs- und Wissenschaftstradition, zu ihrem Einfluß auf die Analyseverfahren der modernen Textwissenschaften, der Ästhetik und Poetik, der Musik- und Kunstwissenschaften, der Homiletik und Forensik und der Kommunikations- und Medienwissenschaften. Die „Ubiquität der Rhetorik" (Helmut Schanze)[1], ein Erbteil ihrer Geschichte, hat diese Renaissance ebenso begünstigt wie die Bedürfnisse einer sich zunehmend versprachlichenden Gesellschaft, in der Kommunikationsfähigkeit, Textproduktion und Textanalyse, die pragmatischen Aspekte der Redekunst, immer wichtiger geworden sind. Ja, vielleicht kann man sagen, daß eben diese praktischen Bedürfnisse auch den notwendigen Beweggrund der Rhetorik bilden, ohne den sie zu einer rein scholastischen Klügelei, einer von aller Realität absehenden virtuosen Kunstfertigkeit oder einer bloß historischen Rekonstruktionslehre zusammenschrumpfen würde. Unter dem Legitimationsdruck der Einzelwissenschaften und in fataler Kontinuität mit einer Geistesgeschichte, in der jede Verwicklung des theoretischen Wissens in die praktischen Erfordernisse des sozialen Lebens als Depravierung galt, hat sich die rhetorische Forschung besonders der vielfältigen und gewiß in weiten Bereichen noch gänzlich unbekannten Geschichte der Beredsamkeit und ihrer Theorie zugewandt. Wobei gerade diese historische Beschäftigung zu dem Resultat hätte führen müssen, daß *rhetorica docens* und *rhetorica utens,* Theorie und Praxis der Beredsamkeit, von ihren Ursprüngen an eine Einheit bilden, solange und wo immer die Rhetorik lebendig geblieben ist.

„Im Frühjahr 465 v. Chr. hatte der Sturz des syrakusanisch-gelaischen Doppelstaates der Deinomeniden durch die Vertreibung des Thrasybulos die Befreiung ganz Siziliens eingeleitet. Nach der gewaltsamen Bevölke-

rungspolitik der Tyrannen führte die Neuordnung der Verhältnisse zu
Spannungen und Streitigkeiten, die sicherlich eine Flut von Prozessen
nach sich zogen."[2]

Die Möglichkeit, Interessengegensätze öffentlich auszutragen,
wird in der Geschichte der Rhetorik immer wieder als die notwendige Entstehungsbedingung genannt. Wie sich die sizilische Red-
nerschule erst nach Ende der Tyrannenherrschaft bildete, so entwickelte sich die Rhetorik auch in Athen erst im 5. Jahrhundert v.
Chr., nach dem Sieg über die Perser und dem Beginn der Volks-
herrschaft.

„Denn weder bei den Gründern einer Staatsverfassung noch wenn man
sonst gehemmt ist und die Fesseln der königlichen Herrschaft trägt, pflegt
ein Verlangen nach Beredsamkeit zu entstehen: Begleiterin des Friedens,
Genossin der Ruhe und gleichsam der Zögling eines bereits gut eingerich-
teten Gemeinwesens ist die Beredsamkeit. Daher sagt Aristoteles, als nach
Abschaffung der Tyrannen in Sizilien Privatangelegenheiten nach langer
Unterbrechung wieder bei allen Gerichten angebracht wurden, es hätten
damals, bei dem scharfen Blick dieses Volkes und dem ihm von Natur in-
newohnenden Hange zum Streiten, die Sizilianer Korax und Teisias
zuerst ein System von Regeln und Vorschriften verfaßt; denn bis dahin sei
niemand gewohnt gewesen, systematisch und kunstgerecht zu sprechen,
wenngleich schon viele gründlich und nach einem Konzept gesprochen
hätten, und schon Protagoras habe über besonders wichtige Gegenstände
Abhandlungen zuvor geordnet und niedergeschrieben, die man jetzt allgemeine Erörterungen (loci communes, Gemeinpätze) nennt."[3]

Die Verbindung von Rhetorik und Republik ist selber zu einer
feststehenden Überzeugung (wie man den heute mit negativer Bedeutung versehenen Terminus „Gemeinplatz" wohl zutreffender
nennt) in der Geschichte der Beredsamkeit geworden; was nun
nicht heißt, daß sie in den Epochen, in denen sie ihre öffentliche
Wirksamkeit verlor, also etwa nach dem Untergang der selbständigen griechischen Stadtstaaten im Hellenismus oder während der
Kaiserzeit in Rom, verkümmert oder gar verschwunden wäre.
Selbst wenn politische Rede und Gerichtsrhetorik bis auf wenige
Restrituale reduziert wurden, existierte Rhetorik weiter, allerdings in anderen Formen. Als höfische Rhetorik, als Bestandteil
des Bildungssystems in den Schulen, als Literatur oder in der Pre-
digtkunst, auch als Geschichtsschreibung und Briefstellerei. Indem freilich der politische und soziale Ernstfall der Rhetorik, die
Gerichts- oder Volksrede, ausblieb, verlor sie auch ihre praktische

Verbindlichkeit. Um deren Folgen zu begegnen, hat schon die antike Rhetorik den Schulunterricht benutzt: Die fehlende Praxis wurde modellhaft simuliert als Deklamation, und was einst als Sprech- und Redeübung nur Vorstufe für die Rede vor Gericht oder vor der Volksversammlung war, galt nun als Endzweck.

„Es gab zwei Arten von Deklamationen, die controversiae, Reden über einen fingierten Rechtsfall, und die suasoriae, Beratungsreden, in denen einer historischen Person in einer Entscheidungssituation ein Rat erteilt wurde. An den uns überlieferten Themen der Deklamation kann man erkennen, wie lebensfremd diese Reden waren: In den Suasorien wurde z. B. Hannibal beraten, ob er auf Rom marschieren solle, oder man malte sich aus, Cicero sei vor die Möglichkeit gestellt, von Marcus Antonius sein Leben zu erkaufen, indem er seine Philippischen Reden verbrannte, und man gab ihm entweder den Rat, dies zu tun und so dem Nützlichen zu folgen oder das Ehrenhafte und damit den Tod zu wählen. In den controversiae, der beliebteren Art, war von grausamen Vätern die Rede, die ihre Söhne dem Gericht überantworteten, von Giftmord durch rasende Stiefmütter, von entehrten Jungfrauen und der Gefangennahme durch Seeräuber. Die bunte, abenteuerliche Welt der Deklamationen diente der Unterhaltung der Gebildeten und schuf einen willkommenen Kontrast zum grauen und eintönigen Leben unter der Alleinherrschaft eines Princeps. Durch Förderung der Rhetorenschulen und Auszeichnung der Lehrer waren die Herrscher darauf bedacht, diese Insel der Phantasie zu erhalten. So durfte auch das Thema des Tyrannenmordes diskutiert werden, während freimütige Äußerungen in der Öffentlichkeit nicht erwünscht waren.

Die unrealistischen und theatralischen Themen wurden in einem entsprechend überladenen und effektvollen Rede- und Vortragsstil dargeboten. Der Rhetoriklehrer trat wie ein Schauspieler auf, und das Publikum spendete ihm Beifall, wenn eine Stelle besonders gelungen war. Besonderen Schmuck erhielten die Deklamationen durch die überreiche Verwendung von Sentenzen, geschliffenen, pointierten Aussprüchen, die wichtiger waren als ein logischer Aufbau und eine klare Durchführung. Man schrieb sie auf und verbreitete sie zum Ruhme des Rhetors und seiner Schule."[4]

Was als Fortsetzung der Tradition unter widrigen Bedingungen und mit anderen Mitteln gedacht war, förderte eine besondere Verfallsform der Rhetorik, die denn auch, von Seneca und Quintilian bis Tacitus, zum wichtigen Gegenstand rhetorischer Selbstkritik wurde, die übrigens ein entscheidendes Moment ihrer Geschichte ausmachte. Doch interessiert uns hier vor allem, daß die

Redepraxis, auf welche Weise auch immer (die praxisorientierte
Poetik bis zu Gottsched und darüber hinaus ist ein weiteres Beispiel), ein fester Bestandteil der rhetorischen Tradition geblieben
ist, vor allem im Rhetorikunterricht gepflegt wurde und sich bis
zum Anfang des 20. Jahrhunderts auf diese Praxis bezogen hat.
Bis zum 17. Jahrhundert verstand man unter „rhetorica" im allgemeinen die Theorie, die rhetorische Lehre (rhetorica docens); unter „oratoria" oder „eloquentia" aber die Praxis (rhetorica utens).
Im 18. Jahrhundert wurde dieser Doppelbedeutung der Rhetorik
noch durch einen anderen Sprachgebrauch entsprochen, der bis
heute verständlich geblieben ist, auch wenn man ihn nicht mehr
als üblich bezeichnen kann: Redekunst meinte die rhetorische
Theorie und Beredsamkeit ihre Praxis.[5]

Die bewußte Wiederaufnahme rhetorischer Tradition in der
Gegenwart und ihre Renaissance seit den sechziger Jahren in
Deutschland haben sich nun vor allem auf die Theorie beschränkt, die eine differenzierte Methode und eine Vielfalt von
Techniken bereitstellt, die sich zur Textanalyse und Textinterpre-
tation, ja darüber hinaus zur Untersuchung aller wirkungsbezoge-
nen Kommunikationsakte als brauchbar erwiesen. Der große Bereich der rhetorischen Praxis wurde dagegen vernachlässigt und
weder für den Aufsatzunterricht (der nur noch auf trivialisierten
Schwundstufen der rhetorica utens aufbaut) noch gar für die mannigfaltigen Formen wirkungsbezogener Textproduktion fruchtbar
gemacht, die in den Bildungsinstitutionen, im privaten oder öffentlichen Leben entweder regelmäßig oder anlaßbezogen verlangt werden. Daß gleichwohl ein breites Bedürfnis besteht, die
Fähigkeit zum sicheren und wirkungsvollen sprachlichen Ausdruck (sei es in freier oder in schriftlicher Rede oder in beidem)
zu üben und so zu lernen, zeigen nicht nur die entsprechenden
privatwirtschaftlichen Veranstaltungen, die Seminare politischer
oder gewerkschaftlicher Organisationen, sondern auch die fast
unübersehbare Menge populärer Handbücher für die unterschied-
lichsten Berufsstände. Von der Verkäuferschulung bis zur Sammlung von Musterreden für den Kommunalpolitiker reicht die Palette der praktischen Ratgeberwerke. Freilich handelt es sich in
den meisten Fällen dabei nur noch um die Einübung einiger weniger, für den jeweiligen begrenzten Zweck brauchbarer technischer
Anweisungen. „Das vorliegende Lehrbuch... will einige handfeste
Regeln vermitteln, die sich in der rednerischen Praxis bewährt ha-

ben; kurz und bündig und in aufgelockerter Form"[6], heißt es in der Vorbemerkung eines, 1982 bereits in 10. Auflage vorliegenden Taschenbuchs, das den Anspruch erhebt, eine systematische Einführung in die moderne Rhetorik zu geben, dann aber doch nur die wirksamsten Kunstgriffe zum schnellen Redetraining zusammenstellt.

Mit Büchern der Art soll diese „Einführung" natürlich nicht konkurrieren. Die vielen „apokryphen" Formen, in denen rhetorische Überlieferung weiterlebt und nutzbar gemacht wird, wären überhaupt erst einmal aufzunehmen und zu untersuchen, damit ihnen daraufhin auf wissenschaftlicher Grundlage erarbeitete, aus der rhetorischen Tradition entwickelte, sie nicht verkürzende, sondern für die modernen Anwendungsgebiete erweiterte Lehrbücher und Lernprogramme entgegengesetzt werden können. Die Einführung in die „Rhetorik des Schreibens" hat dagegen ein sehr viel bescheideneres Ziel. Mit gelegentlichen Hinweisen auf das differenzierte rhetorische Lehrgebäude, die dem Leser wenigstens als Wegweiser in das neben der Philosophie wichtigste und wirkungsmächtigste Bildungssystem der europäischen Kulturgeschichte dienen können, soll dieses Buch Einblicke in verschiedene Anwendungsbereiche der Rhetorik geben, zu Schreibübungen anleiten und damit wichtige praktische Voraussetzungen für die wissenschaftliche und berufliche Ausbildung oder sogar für die spätere Berufsausübung vermitteln. Daß diese Übungen propädeutischen Charakter haben, versteht sich von selbst.

Dagegen möchte ich sogleich darauf hinweisen, daß wirkungsvolles Schreiben (ebenso wie Reden) der dauernden und möglichst kontinuierlichen Übung bedarf. Man hat weder ein Protokoll noch eine Rezension oder gar eine Festrede zu verfassen gelernt, wenn man sich lediglich die wichtigsten Regeln einprägt und auch das eine oder andere Beispiel gelegentlich einmal selber niedergeschrieben hat. Zu Recht hat daher Otto Flake das Vielschreiben gegen seine Verächter verteidigt, weil dessen Mangel zwar eine Tugend sein könne, wie dies auch für die Neugier gelte, dessen Fertigkeit aber „Phantasie und Erregbarkeit" verrate, kurz: „man könnte ein Lob der Neugierde und eines des Vielschreibens verfassen."[7] Die beste Art und Weise, gut, das heißt sachbezogen und wirkungsvoll, schreiben zu lernen, ist, kontrolliert und bewußt viel und häufig zu schreiben. Wichtiges Hilfsmittel dafür ist in der rhetorischen Schulung immer schon die imitatio, die Nachahmung von Vorbildern gewesen, so daß das „Know-how" am exemplarischen Fall studiert und daraufhin im Selbstversuch dem Muster nachgeeifert wird.

1972 hat die Kultusministerkonferenz in einer Rahmenvereinbarung die Rhetorik als Schulfach gesichert, um die Erfordernisse einer sich zunehmend versprachlichenden Gesellschaft zu erfüllen. Seither ist außerdem deutlich geworden, welche Konsequenzen die zunehmende Unfähigkeit, sich sprachlich wirkungsvoll und sachbezogen auszudrücken, bei einem großen Teil der jugendlichen Schulabgänger in allen Jahrgangstufen hat. Dadurch ist ihre Weiterbildung und das Studium in allen Fächern stark behindert, so daß schon von einem „neuen Analphabetentum" (Peter Schneider vor der Deutschen Lesegesellschaft) gesprochen, die Zahl der Analphabeten mit Deutsch als Muttersprache auf drei Millionen geschätzt wird und von den Universitäten die ersten Sprachkurse Deutsch für Deutsche eingerichtet werden; auch fördert das Unvermögen, die eigenen Erwartungen, Wünsche, Hoffnungen und Ängste in sprachliches Handeln umzusetzen, Haltungen ohnmächtiger Resignation oder destruktiver Aggressivität.

Die Pläne der Kultusministerkonferenz sind leider nur ansatzweise verwirklicht worden. In der Regel spielt die Rhetorik weder im Deutschunterricht der Schulen noch im Germanistikstudium der Hochschulen eine ihrer Bedeutung angemessene herausragende Rolle. Die Deutschlehrer sind nicht dafür ausgebildet, entsprechende Kurse auszuarbeiten und anzubieten, qualitätsvolle Lehrbücher fehlen für alle Jahrgangsstufen, und auch an den meisten Universitäten existiert die Rhetorik nicht als selbständiges Fach, gar als ein selbständiger Studiengang, einen solchen bietet nur die Universität Tübingen an. Hier gehören Schreibseminare zu den obligatorischen Veranstaltungen in der Rhetorik-Ausbildung und ergänzen die mehr theoretisch und historisch ausgerichteten Fachstudien. Aus diesem Zusammenhang ist die Einführung in die „Rhetorik des Schreibens" entstanden; von ihr ausgehend, sollen später auch weiterführende Studienangebote für das Gebiet Rhetorik ausgearbeitet und in Form von Übungsbüchern angeboten werden. Denn die allgemeine Arbeitsmarktentwicklung für Lehrer aller Schulstufen zeigt, daß es für sie in Zukunft nur noch einen geringen Bedarf im Schuldienst gibt. Da die bisherige Lehrerausbildung aber ausschließlich auf die Schullehrtätigkeit ausgerichtet ist, sind Lehrerstudenten nur in geringem Maße vorbereitet und geeignet für eine außerschulische Berufstätigkeit etwa im Rahmen der Bildungsarbeit in Betrieben und Verbänden oder im Kulturbetrieb (Presse, Funk, Fernsehen, Verlage, wirtschaftliche Textverarbeitung, Lexikographie usw.). In dieser Situation kann die Rhetorik zu einer prinzipiell berufszieloffenen Bildung in den geisteswissenschaftlichen Fächern einen entscheidenden Beitrag leisten, weil sie neben den theoretischen Fähigkeiten auch die notwendigen praktischen Fertigkeiten vermittelt und von ihrem Ansatz her interdisziplinär ausgerichtet ist.

A) Voraussetzungen
des wirkungsbezogenen Schreibens und Redens

So regelhaft die Rhetorik in ihrer Geschichte aufgetreten ist und
vor allem ihre Lehrbücher den systematischen Ordnungszwang
für alle Disziplinen beispielhaft verkörperten, so mißverständlich
ist gerade dieses Erscheinungsbild gewesen und hat die Kritik an
der Rhetorik stets aufs neue, doch oft grundlos, inspiriert. Die in
den großen rhetorischen Lehrbüchern seit Cicero und vor allem
Quintilian („De institutio oratoria", „Über die Erziehung zum
Redner")[1] systematisch abgehandelten rednerischen Tugenden
und Normen müssen als regulative Prinzipien angesehen werden,
die getreu zu befolgen nur dem Anfänger auferlegt war, während
der Fortgeschrittene, gar der Meister der Beredsamkeit sich ihrer
bediente, sie also im Rahmen seiner Aufgabe beachtete, variierte
oder gar beiseite ließ. In diesem Sinne sind sie auch hier zu verstehen. Dabei gibt es Lehrsätze, die in allen Produktionsstadien eines Textes zu beachten sind und für alle Gattungen (von der Rede
bis zum Brief, vom Leitartikel bis zur Predigt) gelten, und Anweisungen, die nur einen bestimmten Arbeitsschritt oder eine besondere Redeabsicht betreffen. Die allgemeinen Grundsätze rhetorischer Textkonstitution (im rhetorischen Sprachgebrauch „Tugenden", „virtutes" genannt) stehen am Anfang jeder schreibenden
Tätigkeit und behalten auch während ihres Vollzugs die volle
Gültigkeit.

1. Adressatenbezug und Wirkungsintention

Das Verhältnis der Rede oder des Textes zu den außersprachlichen Bedingungen und Gegebenheiten ist das oberste, allem vor-
ausliegende und in allem wirksame Maß für einen Autor. Er muß
sich darüber klarwerden, an welche Adressaten er seine Schrift
richtet und was er mit ihr bei ihnen erreichen will. Schon die ersten Annäherungen an ein Thema werden sich nach diesen
Zweckbestimmungen richten, wenn nicht viel überflüssige Arbeit
getan werden und das Ergebnis dennoch unbefriedigend bleiben
soll. Ein Referat vor den Teilnehmern eines Universitätsseminars
muß anders geschrieben sein als ein Artikel über dasselbe Thema

im Feuilleton einer Tageszeitung, und dieser Artikel wird wiederum ganz anders aussehen, wenn er für eine der großen überregionalen Zeitungen oder für ein Provinzblatt verfaßt wurde. Auch wird sich ein Text, der gelesen, von einem solchen, der gesprochen (und gehört) werden soll, unterscheiden. Ort und Zeit ist ebenso zu berücksichtigen wie die eigene Person, denn Alter, Würde, Geschlecht, soziale Stellung des Verfassers sind Faktoren, die die Rezeption beeinflussen und daher von vornherein in das rhetorische Kalkül einbezogen werden müssen. Macht es doch einen Unterschied, ob die großen Weisheitssätze der Geistesgeschichte von einem Schüler oder seinem Lehrer traktiert werden. Schließlich verlangt auch der Gegenstand der Rede selber hinsichtlich seiner Abhängigkeit von Ort, Zeit und Publikum eine besondere Aufmerksamkeit. Der Rang, den das Thema im Wertsystem des Publikums einnimmt, entscheidet vielfach über den Erfolg, und es macht große Unterschiede, ob der Gegenstand als geringfügig oder bedeutend, als peinlich und schockierend oder als angenehm und mitreißend, als nützlich und gerecht oder als überflüssig und unverantwortlich angesehen wird. Auch kann die Sache für das Publikum vergangen, gegenwärtig oder zukünftig sein, es kann eine rationale Einstellung dazu haben, so daß sachliche Information im Vordergrund des Interesses steht, oder es kann mit seinen Gefühlen engagiert sein, so daß der Autor der affektiven Besetzung des Themas steigernd oder dämpfend entsprechen wird.

Hinzu kommt die Wirkungsabsicht des Autors, ob er zum Beispiel belehren und informieren oder ob er unterhalten will oder beides in seiner Absicht liegt, ob er seine Adressaten zu einer Veränderung oder zur Fixierung ihrer Haltung, ob er sie zu einer Handlung oder zur genießenden Betrachtung anhalten will – so vielfältig die Zweckrichtungen, so unterschiedlich werden die Schreibweisen sein.

2. Stilebenen

In ihrer Geschichte hat die Rhetorik zwar eine Vielzahl von Stillehren ausgebildet, die jeweils eine unterschiedliche Differenzierung der Schreib- und Redeweisen bezweckten. Doch so subtil und vielfältig auch immer diese Versuche ausfielen, es konnte sich immer nur um allgemeine Charakterisierungen handeln, denn natürlich verlangt jeder Gegenstand seine eigene, individuelle sprachliche Verwirklichung, die aus der Kombination vieler einzelner Maximen hervorgeht. Als praktikabel und sinnvoll hat sich daher auf die Dauer allein die (auf Cicero zurückgehende) *Dreistillehre*[2] durchgesetzt, die drei prinzipiell nach Gegenstand und Wirkungsabsicht deutlich unterschiedene Sprechweisen erfaßt. Wobei schon Cicero Wert darauf legt, daß es sich dabei um theoretische Abstraktionen handelt und die Aufgabe der Praxis gerade darin besteht, durch den Wechsel der Stile die jeweils individuell angemessene Ausdrucksweise zu finden. Nichts also kann rhetorischer Wirkungsabsicht mehr zuwiderlaufen als die monotone Fixierung der Rede auf eine Stilebene.

Der schlichte, einfache, sachliche Ausdruck entspricht dem belehrenden, informierenden Wirkungszweck und findet sich sowohl im alltäglichen wie im wissenschaftlichen Sprachgebrauch. Poetische Redefiguren, Bilder, Abwechslung und Vielfalt im Satzbau, expressive Wortfügungen wird man auf dieser Sprachebene gar nicht oder nur soweit verwendet finden, wie es für die sachliche Darstellung unbedingt nötig erscheint.

„Allein es kommt dabei sehr viel an auf die Beschaffenheit des Gegenstandes, welchen wir erzählen. Bei unwichtigen Gegenständen, wie die meisten Privatverhältnisse betreffenden sind, sei der Schmuck einfach und gleichsam eng anliegend; es herrsche die größte Sorgfalt in der Wahl der Worte, die bei allgemeinen Materien mit mehr Ungestüm auftreten und in der Fülle der sie umgebenden Rede sich verstecken: hier werden sie ausdrucksvoll und getränkt von Gedankengehalt sein müssen."[3]

Nur angemerkt sei hier, daß unterm Primat der Wirkung natürlich auch eine bewußt unangemessene Stilebene gewählt werden kann, also etwa mit satirischer Absicht gerade der einfache Gegenstand prunkvoll, die kostbare Sache schlicht formuliert werden kann.

Der mittlere, mäßig geschmückte, unterhaltende Stil verwendet in reichlicherem Maße als der sachliche Ausdruck die Bilder und Redefiguren; Gedankenfiguren und Abschweifungen, Sentenzen und witzige Wortfügungen machen seine Unterhaltsamkeit aus. Mit seiner Hilfe will der Autor Sympathie und Mitleid erregen, und das Thema ist ihm so wichtig, daß er es besonders gut mit Hilfe sanft-emotionaler Mittel meint zum Erfolg bringen zu können. Neben den lehrhaften Zweck tritt die besondere ästhetische Stimulierung, durch welche das Thema seinen angenehmen Ausdruck erhält, so daß es zugleich eindringlich und scharfsinnig wirkt. Die mittlere Stillage wird also vor allem durch die Vermeidung der Extreme, durch Ausgleich und Maß bestimmt: Sie liegt zwischen der sachlich-schlichten, schmucklosen und der hinreißend-pathetischen, reichgeschmückten Schreibweise.

Die großartige, erhabene, leidenschaftserregende Stilart ist das machtvollste, doch zugleich schwierigste Medium rhetorischer Wirkungsabsicht, in ihm kulminiert die rednerische Kunstfertigkeit, denn so wirkungsvoll pathetisches Sprechen sein kann, das Quintilian mit einem Strom vergleicht, „welcher Felsstücke fortwälzt"[4], so katastrophal kann es wirken, wenn auch nur ein Ton, ein Bild, eine Pathosformel falsch gesetzt ist: Die durchdachteste und kunstreichste Rede kann dann mit einem Male gänzlich um ihre Wirkung gebracht werden, ja die gegenteilige Wirkung erzielen. Alle glanzvollen und prächtigen Sprachmittel und Vortragskünste werden im schweren, erhabenen Stil zur Erregung starker Eindrücke und leidenschaftlicher Gefühle ausgeschöpft. Besonders wichtig (soll nicht ein humoristischer, parodistischer Effekt erzeugt werden) ist die restlose Angemessenheit des großen Worts an die große, bedeutsame, vielleicht lebenswichtige Sache, denn nur die Gewichtigkeit des Redegegenstandes rechtfertigt die leidenschaftlich-heftige oder erhaben-großartige Ausdrucksweise. Kein Zweifel, daß unsere Kultur dem Pathos gegenüber fremd, gar feindlich gestimmt ist, was etwa die Rezeption klassischer oder expressionistischer Literatur erschwert und unser Ohr für viele herkömmliche Pathosformeln verschlossen hat („O Mensch – Pathos"). Doch gibt es eine Pathetik des Andeutens und der Abgrenzung („Christian Thomasius, ein deutscher Gelehrter ohne Misere", Ernst Bloch), eine Leidenschaftserregung durch betonte Beiläufigkeit und Untertreibung („Die Sachlichkeit zwischen den Menschen, die mit dem ideologischen Zierat zwischen ihnen aufräumt, ist selber bereits zur Ideologie geworden dafür, die Menschen als Sachen zu behandeln." Th. W. Adorno)[5], die nur das Negativ des Erhabenen bilden und seine Wirkung haben.

Übungsaufgabe

Transponieren Sie folgende Textvorlage aus einem Prosastück von Heinrich Lersch in eine mittlere Stillage, indem Sie den Text redigieren, ihn also durch Streichungen, behutsame Satzergänzungen, Satzkombinationen verändern, aber in seiner inhaltlichen Struktur und Sprachgestalt möglichst weitgehend erhalten.

Extrahieren Sie in einem zweiten Schritt den Informationsgehalt der Passage in einem sachlichen Kurzbericht von nicht mehr als 10 Zeilen.

Die Ihnen nun vorliegenden drei Textvarianten machen Vorzüge und Nachteile der jeweiligen Schreibweise deutlich, zugleich erhalten Sie einen kleinen Einblick in die Arbeit etwa eines Nachrichtenredakteurs, dessen Aufgabe es oftmals ist, aus einem ausführlichen, gefühlvoll-weitschweifigen, erzählerischen Bericht eine kurze Nachricht zu extrahieren.

„Ein Auto hämmert mit gedämmtem Brennstoffzufluß wartend an der Straße. Ein schöner Wagen, offen und breit. Der Fahrer, mittelgroß, den Kopf von einer weißen Leinenkappe umspannt, sieht noch einmal zu der Quelle zurück, aus der auch er getrunken. Mit ihm habe ich einmal am Mikrophon gestanden, er ist einer der vielen ungenannten, vielleicht kommenden Sieger von morgen. Vielleicht bleibt er, was er ist: Schlosser und Monteur, auf den sich sein Werk verlassen kann. Wir fahren zum Nürburgring. Ich war zu früh in Blankenheim, sollte ihn im Gasthaus treffen, nun stoß ich schon hier auf ihn. Er nimmt mich mit, einen Wagen auszuprobieren. Sitze jetzt neben ihm, langsamste Fahrt an Ochsengespannen vorbei, einer Viehherde, ein Geißbock springt neugierig auf das Trittbrett. ‚Geißbock ist auch gut!' sagt mein Kamerad. Er ist ganz in Bann von Motor und Kilometer. Wir bremsen die sinkende Straße hinab, und dann bekommt der Wagen Lauf. Ich bin nicht mehr der Wanderer. Ich bin jetzt ein Teil des Wagens, Ladung und Last sozusagen, nicht mehr und nicht weniger. Ich bin in Metall und Stahl eingeschlossen, inniger eingehüllt von Eisen, als mich die tragende Welle des Wassers bergen könnte. Denn im Wasser bin ich Herr meiner Kräfte. Im Wagen haben der Motor, die Achse, Steuer und Getriebe, haben Gas und Öl Gewalt über mich. Ich horche in den brausenden Zusammenklang der geformten Metalle hinein, fühle das Schwingen der vibrierenden Masse. Fabrik und Fabrikation haben über mich Gewalt, ich sehe Werkbänke und Maschinenteile, Montage und letzte Abnahme. Von der Erzgrube bis über die Hochöfen, über die elektrische Tiegelstahlschmelze, über Presse und Hämmer geht mein Arbeiterauge. Nun bin ich, was der Winzer im Ahrtal ist, ein ungenannter Werkmann, gleich dem Erfinder und dem Ingenieur, im Werkvolk. Wir alle schaffen ein kleines Teilchen zu jenem wunderbaren Kunstwerk, das man so leichthin Auto nennt. Ich bin das Deutschland der Fabriken, der Massen, der Arbeiter. Die Landschaft muß uns dienen, denn wir dienen dem Vaterlande. Der Motor heult voll funktionierender Innigkeit sein Jubellied von Kraft und Fähigkeit, ich bin mit in das Schicksal dieser Maschine eingeschlossen."[6]

3. Sprachrichtigkeit

„Eine jede Sprache, die man redet oder schreibet, muß man unstreitig auf das allerbeste reden und schreiben", dekretierte Gottsched aus voller Überzeugung und verwies auf das Vorbild der „lateinischen Reden und Schriften", in denen die „Reinigkeit der Wörter und Redensarten"[7] überhaupt die Voraussetzung rhetorischer Wirkung darstelle. Und wirklich ist die grammatische Richtigkeit für die Rhetorik immer eine grundlegende Tugend gewesen; Gottscheds sprachreformerische Bemühungen, denen wir unsere deutsche Nationalsprache und -literatur verdanken, zielten daher zuerst auf die Reinheit (puritas) und gegen die Sprachverderber, er konnte sich dabei immer auf die Autorität der Klassiker berufen. „Deshalb gilt es zunächst, den Teil zu mustern, der den Anfang der Grammatik bildet: die Regel, fehlerlos zu sprechen."[8] Der Grammatikunterricht geht daher dem Rhetorikunterricht voraus, gehört also im strengen Sinne noch nicht zu ihm. Der Schüler wurde in die Sprachlehre eingeführt, hatte Rechtschreibübungen zu absolvieren, an vorbildlichen dichterischen Texten Sprachrichtigkeit und Sprachschönheit zu studieren und die grammatische Systematik kennenzulernen.

In den Zeiten eines normativen Sprachverständnisses gibt es keine grundsätzlichen Schwierigkeiten, die Regel der Sprachrichtigkeit einzuhalten. Die Grammatik stellt dann ein festgefügtes System von Einzelregeln und geregelten Ausnahmen dar, denen der Schreibende nur zu folgen braucht, um der Forderung nach Richtigkeit zu entsprechen. Die historische und empirische Sprachwissenschaft, die sich an der Sprachwirklichkeit orientierte, hatte eine zunehmende Distanzierung von der Sprachnorm zur Folge.

„Je mehr Sprachwirklichkeit sichtbar wird, desto weniger Normen bleiben bestehen... Angesichts dieser Situation kann die Frage heute nur lauten: Wie ist eine wissenschaftliche Sprachpflege möglich, ohne den Zweck der Sprachpflege zu verhehlen? Die Antwort auf diese Fragestellung lautet: Der Sprachpfleger und Sprachbetrachter wird der Sprachwirklichkeit nicht mehr ausweichen können. Er wird sie dort anerkennen müssen, wo sich neue Formen bereits im guten Schrifttum bewährt haben und wo sie vor allem in der Struktur der Sprache begründet sind. Er wird aber angesichts der aufgezeigten Entwicklung sich seiner schützenden Aufgabe doppelt besinnen und alte Formen stützen, solange es möglich ist."[9]

Diese im Vorwort zur zweiten Dudenauflage 1966 notierte und begründete Tendenz hat sich eher noch verstärkt, die empirische Orientierung und die Nuancierungsversuche noch mehr eingeschränkt. Ohne auf die noch unentschiedene Auseinandersetzung beider grammatischer „Schulen" hier näher einzugehen, kann doch daran festgehalten werden, daß Sprachrichtigkeit nicht unwesentlich zur Textwirkung beiträgt und ihr Mangel, wie das folgende extreme Beispiel zeigen mag, sie sogar verhindern kann.

„Einleitung zum chinesischen Kochen: Kochen in China ist eine Kunst. Speise in kleinem Stueck und schnellem Kochen ist sehr gut. Alle Speise in kleinem Stueck. Kein Messer ist noetig. Nun wissen wir alle die Wichtigkeit des Bewegen-Braten. Das ist eine gute Methode fuer Behalten der Ernaehrung."[10]

Die folgenden Empfehlungen, wieder im Sinne regulativer Zwecksetzungen aus rhetorischem Interesse, haben vor allem den Sinn, die Wirkung eines Textes, einer Rede zu befördern, nicht aber, normative Sprachregelungen zu dekretieren: Sie sind nach Maßgabe des jeweiligen Wirkungszwecks zu beachten, zu variieren oder auch beiseite zu lassen:

a) Man folge dem geregelten Sprachgebrauch, soweit das der Duden vorschlägt, und weiche nur in besonderen und bewußt gehandhabten Fällen davon ab. Die Wirkung eines Textes kann durch grammatische Fehler erschwert, verhindert oder gar ins Gegenteil verkehrt werden, wenn zum Beispiel ein Gedanke durch einen entsprechenden Lapsus ins Lächerliche gezogen wird.

b) Im übrigen verlangt die Vorschrift des äußeren aptum (Angemessenheit der Rede bzw. des Textes an die äußeren Umstände wie Zeit und Ort, Publikum, Rede- oder Lesesituation) eine an der jeweiligen Wirklichkeit, in welcher der Autor schreibend wirksam werden will, orientierte Haltung; das schließt auch die Ausrichtung an bestimmten grammatischen Gepflogenheiten ein, selbst wenn sie bestehender Norm widersprechen. Eine Geburtstagsrede im familiären Kreise gestattet (oder verlangt gar) grammatische Freiheiten (etwa im Sinne von Dialektgewohnheiten), die ein akademischer Vortrag oder eine Rezension verbieten.

Im übrigen sollte sich jeder Autor darüber klar sein, daß er durch die Veröffentlichung seiner Sprachäußerung, in welchem Medium auch immer, im positiven wie negativen Sinne die Sprachgewohnheiten mitbestimmt. Verfall der sprachlichen Kultur aber kann nicht in seinem Interesse liegen, denn sie wirkt auch auf seine Tätigkeit zurück, erschwert seine Wirkungsmöglichkeit, beeinträchtigt seine Kommunikationsfähigkeit und führt schließlich dazu, daß er sich seinen Adressaten über komplizierte Gegenstände nicht mehr verständlich machen kann.

4. Genauigkeit und Verständlichkeit

Es genügt nicht nur, klare und deutliche Gedanken zu fassen, sondern diese müssen auch treffend, sachgemäß und durchsichtig formuliert werden. Wird der Sinn eines Satzes durch die Formulierung verdunkelt, so kann sich der Autor nicht verständlich machen und wird seine Adressaten möglicherweise gar nicht oder jedenfalls nur unter Schwierigkeiten erreichen. In der Folge davon werden seine Leser leicht ermüden und unter Umständen sogar ihr anfängliches Interesse gänzlich verlieren, so daß die Aussageabsicht des Verfassers das Publikum nicht mehr erreicht. Ideal wäre es, wenn, wie Cicero schreibt, der Ausdruck so treffend ist, „daß man nicht recht weiß, ob der Inhalt durch den Ausdruck oder ob die Formulierung durch den Gedanken deutlich wird."[11] Als Ausnahme mag gelten, wenn der dunkle Ausdruck die eigentliche Wirkungsabsicht nicht etwa behindert, sondern gar unterstützt. Zu diesem Fall gehören beispielsweise Formen der Unterstellung in bestimmten literarischen Gattungen (Polemik, Satire) oder auch mögliche Erfordernisse der Festrede, wenn es angeraten ist, gewisse Verdienste und Leistungen herauszustellen, andere aber dem Kundigen lediglich anzudeuten. Eine weitere Ausnahme von der Regel der Deutlichkeit soll wenigstens noch erwähnt werden: die „Sklavensprache". Mit ihr wird eine sprachliche Ausdrucksform bezeichnet, die nur von einem ganz bestimmten Adressatenkreis (den „Sklaven") verstanden wird, den anderen (den „Herren") dagegen dunkel bleibt. Unter Diktaturen oder Zensurbedingungen erlebt die Sklavensprache Hochkonjunktur; werden ihre Zeugnisse überliefert, so sind sie den Nachgeborenen oft nicht oder nur nach sorgfältigen historischen Untersuchungen verständlich. Hierfür liefert etwa die deutsche Literatur des Vormärz viele Beispiele. Berühmt geworden ist das vielzitierte Kapitel XII aus Heines „Ideen. Das Buch le Grand", das nur aus mehreren Zeilen voller Gedankenstriche besteht, die von wenigen weit auseinander stehenden Worten unterbrochen werden: „Die deutschen Censoren – – – – – – Dummköpfe."[12]

Zur Deutlichkeit gehört natürlich auch die äußere Form. Bei der gesprochenen Rede sind das klare, akzentuierte Aussprache und Intonation sowie die angemessene, veranschaulichende Gestik und Mimik. Bei einem Text muß dessen Präsentation auf Verständlichkeit ausgerichtet sein. Dazu gehören:

a) Lesbarkeit
(mit Hilfe eines Schreibmaschinenmanuskripts oder eines entsprechenden Druckverfahrens, wobei Druckqualität, Zeilenabstand und Randbreite nach dem Maßstab der Lesbarkeit ausgerichtet sein müssen. Korrekturen müssen klar und übersichtlich eingetragen bzw. die Fehler getilgt worden sein.);

b) Übersichtlichkeit
(durch die Gliederung des Textes in Kapitel, Absätze und durch andere Mittel wie Zwischenüberschriften, Marginalien, Fußnoten u. ä.);

c) Illustrationen
(Bilder, Schautafeln und gegebenenfalls auch graphische Darstellungen).

5. Erkenntnis des Themas

Ungenaue Themenstellung oder fehlerhafte Erkenntnis des Gegenstandes sind häufige Ursachen für unangemessene, dunkle und unverständliche Formulierungen. Die Erkenntnis der Fragestellung ist kein passiver Vorgang, sondern eine aktive Leistung, die der hermeneutischen Regel folgt: Der Adressat muß das Ganze aus dem Einzelnen und das Einzelne aus dem Ganzen verstehen. Dieser Prozeß ist zirkelhaft (hermeneutischer Zirkel). Die Teile bestimmen sich vom Ganzen her, das wiederum von ihnen bestimmt ist. Versuche ich nun, das Ganze aus dem Einzelnen zu verstehen, so analysiere ich das Detail (etwa die rhetorischen Figuren einer Themenformulierung); doch zureichend in seinem präzise gemeinten Sinn kann ich jedes Detail (jede rhetorische Figur) nur deuten, wenn ich es von seinem ganzheitlichen Sinn erfasse, der aber erst von mir zu finden ist.

„Wer einen Text verstehen will, vollzieht immer ein Entwerfen. Er wirft sich einen Sinn des Ganzen voraus, sobald sich ein erster Sinn im Text zeigt. Ein solcher zeigt sich wiederum nur, weil man den Text schon mit gewissen Erwartungen auf einen bestimmten Sinn hin liest. Im Ausarbeiten eines solchen Vorentwurfs, der freilich beständig von dem her revidiert wird, was sich bei weiterem Eindringen in den Sinn ergibt, besteht das Verstehen dessen, was dasteht."[13]

Der Interpret leistet also dauernd eine Antizipation von Sinn, die sich in der aufs Detail gerichteten Deutung bewähren muß, und erst die endgültige Ausarbeitung entscheidet darüber, ob die Antizipation gelungen war.

Nehmen wir zum Beispiel das Bloch-Thema „Zukunft in der Vergangenheit"[14]; wer es liest oder hört, der tut dies bereits mit einem festen Vorverständnis von Zukunft und Vergangenheit und ihrer Folge: er hat über diesen Kasus bereits ein Vor-Urteil. Dabei gibt es nun mehrere Möglichkeiten, wie dieses Vorurteil zur in Frage stehenden Sache (dem Thema) steht: Es kann zum Verständnis helfen, indem es sachangemessen ist; es kann zweitens zum Mißverständnis und zur Fehldeutung anleiten, weil es ganz sachunangemessen ist; und es kann drittens in einem schiefen, doch zur Berichtigung offenen Sachverhältnis stehen.

„Wer zu verstehen sucht, ist der Beirrung durch Vor-Meinungen ausgesetzt, die sich nicht an den Sachen selbst bewähren. Die Ausarbeitung der rechten, sachangemessenen Entwürfe, die als Entwürfe Vorwegnahmen sind, die sich ‚an den Sachen' erst bestätigen sollen, ist die ständige Aufgabe des Verstehens. Es gibt hier keine andere ‚Objektivität' als die Bewährung, die eine Vormeinung durch ihre Ausarbeitung findet. ... Es hat darum seinen guten Sinn, daß der Ausleger nicht geradezu, aus der in ihm bereiten Vormeinung lebend, auf den Text zugeht, vielmehr die in ihm lebenden Vormeinungen ausdrücklich auf ihre Legitimation, und das ist: auf Herkunft und Geltung prüft."[15]

Das kritische Verhältnis zu den eigenen Vorurteilen und Vormeinungen ist die Bedingung richtigen Verstehens. Der Interpret muß
sich seiner Vorurteile bewußt sein, sie (auf Zeit) in Geltung und
Anspruch suspendieren, um den Zugang zur Sache (dem Text, der
Rede) überhaupt zu finden. Diese Suspension eigener vorgefaßter, mitgebrachter, überlieferter Urteile und Meinungen geschieht
dadurch, daß ich sie fraglich werden lasse, öffne, in Frage ziehe
angesichts dessen, was uns ein Text oder Thema sagt. Der Verste-
hensprozeß widerlegt, bestätigt oder modifiziert unsere Vormeinung, ergänzt und differenziert sie in allen bedeutsamen Fällen.
Jeder sach- und zweckdienlich formulierte Text ist die Antwort
auf eine implizit oder vorrangig gestellte Frage an den Gegenstand, über den gehandelt werden soll. Von der Richtigkeit und
Genauigkeit dieser Frage hängt die Antwort ab, wer also einen
Gegenstand falsch befragt (an ihm vorbeifragt), wird auch keine
richtige und befriedigende Antwort finden. Folgenden Anforderungen muß eine präzise Themenfrage genügen:
a) Sie muß auf das Sinnganze, auf das Zentrum der Sache zielen.
b) Sie muß aber auch detailliert fragen, das heißt nach dem Einzelnen mit dem Ziel der Erschließung des Ganzen; die Einzel-
   frage muß in der Tendenz auf das Zentrum der Sache zielen:
   Das ist ihr „Richtungssinn".[16] Der Sinn einer genauen Frage
   besteht in der Richtung, in welcher die Antwort liegen kann.
   Themenfragen sind daher immer antizipatorisch; sie visieren
   ein Ziel an, dessen Richtigkeit sich erst im Laufe der Arbeit erweisen wird.
c) Die Frage muß wirklich offen sein und darf nicht durch die
   Frageform Entscheidbarkeit, Offenheit nur vortäuschen. Die
   gefragte Sache muß derart als unentschieden dargestellt werden, daß sich die Argumente gegen und für sie im Gleichgewicht befinden.
d) Die Offenheit darf aber auch nicht beliebig groß sein, so daß
   etwa jedes Einzelproblem in eine Frage nach dem Sinn des Lebens, dem Zweck des Universums o. ä. ausgeweitet wird. Die
   Frage wird begrenzt durch einen Fragehorizont, der auf das
   Sachzentrum des Gesamtproblems bezogen bleibt.
Die Antwort auf eine nach diesen vier Kriterien genau gestellte
Themenfrage besteht im Aufzeigen und Begründen der Argumente, die für eine oder gegen die anderen Möglichkeiten sprechen,
welche ursprünglich anvisiert wurden. Doch müssen darüber hin-

aus die Gegenargumente entkräftet, die Gegeninstanzen aufgelöst werden. Beide Operationen haben als Zielpunkt die von mir beabsichtigte Wirkung und richten sich danach. Die Argumentation ist immer auch adressatengerichtet, sie bringt die Sache, den Gegenstand (wie das schon durch die Frage vorbereitet sein sollte) in eine bestimmte Perspektive, die durch das Publikum (Schüler, Studenten, kulturell oder politisch Interessierte, mit oder ohne Vorkenntnisse etc.) vorgegeben wird.

Übungsaufgabe

1. Vergewissern Sie sich des Gedankengangs der nachstehenden, aus den „Studien zur Sozialgeschichte und Philosophie" (Bd. I, München 1973, S. 10 f.) entnommenen Passage.
2. Formulieren Sie möglichst genau und klar mit eigenen Worten diesen Gedankengang.

„Zwischen dem esoterischen Kult, zu dem geisteswissenschaftliche Pädagogik nicht nur tendierte, und den modernen Erziehungswissenschaften, deren Bestimmungen zunehmend den Arsenalen von Sozialingenieuren entnommen werden, scheint uns eine neuerliche Verständigung über das, was Pädagogik gesellschaftlich bedeutet, nur auch durch die Rekonstruktion der gesellschaftlichen Genese der Disziplin langfristig entscheidbar. Von besonderer Bedeutsamkeit für die Aufgabe erwiesen sich uns solche historischen Dokumente der Pädagogik, die deren humanistische Perspektive noch nicht verstellen und sich mehr oder weniger offen und unmittelbar auf die Veränderung der gesellschaftlichen Verhältnisse und Bedingungen ihrer selbst richteten. Unvermeidlich wird mit solchem Ansatz auch die Historische Pädagogik – mindestens implizit – infrage gestellt. Denn das gegenwärtig noch vorwaltende Desinteresse an der geschichtlichen Analyse pädagogischer Gegenstände ist immerhin plausibel als Interesse, als interessierte Blockade einer historischen Reflexion zu verstehen, einer Reflexion, welche die Struktur auch pädagogischer Praxis als auf radikalen Wandel hin angelegt erkennbar machen kann. Gegenüber solcher Sperre, die entweder die zum Arkanum aufgeblasene Pädagogik für eine bildungsbürgerliche Priesterkaste reserviert oder mit der positivistischen Reduktion pädagogischer Leistung auf die kontrollierte Vermittlung kalkulierter Qualifikationen auch die Resultate pädagogischer Arbeit zu Partikeln einer geschichtslosen (und insoweit unveränderlichen) Warenwelt verkommen läßt, bestehen wir auf einer Auffassung von Geschichte, welche pädagogische Praxis auf das gesellschaftliche Subjekt als das einzige geschichtliche Movens zu beziehen fordert. ... Es geht uns nur insofern um die Geschichte der Pädagogik, als der Konstitutionsprozeß der Pädagogik, welche die Führung zur Gesellschaftsfähigkeit der nachwachsenden Generationen in unserer Zeit zu reflektieren und theoretisch anzuleiten hat, ohne geschichtliche Aufarbeitung und Rekonstruktion dieser Pädagogik nicht zu leisten ist. Ihr Begriff fordert, daß sie als wesentlicher Aspekt der historischen Genese bürgerlicher Gesellschaft genommen werde."[17]

B) Die Ermittlung der Gedanken und ihre Ordnung

In der rhetorischen Systematik nimmt die Ermittlung der Gedanken, das Suchen und Finden des Stoffes zu einem bestimmten Thema die erste Position unter den allgemein fünffach gegliederten Bearbeitungsphasen ein. Der lateinische Terminus inventio, Erfindung, macht deutlich, daß es sich dabei um eine im eigentlichen Sinne schöpferische Phase handelt, die nicht einfach im Ausschlachten tradierter Stoffsammlungen besteht, worauf die inventorische Forschung in manchen Phasen der Rhetorik-Geschichte reduziert wurde. Ihr folgen die Arbeitsstadien dispositio (Anordnung), elocutio (Niederschrift mit Hilfe des ganzen Instrumentariums der Tropen und Figuren), memoria (die Aneignung der Rede durch das Gedächtnis) und schließlich actio (die „Aufführung" der Rede mit den Mitteln körperlicher Beredsamkeit, Mimik und anderer Schaumittel). Für unseren Zusammenhang sind vor allem die ersten drei Bearbeitungsstadien von Bedeutung.

1. Die Ermittlung der Gedanken und Argumente

Welches Thema auch immer schriftlich oder rednerisch behandelt werden soll, am Anfang steht das Erkunden und Ausforschen der Argumente oder Beweise, welche das Erfinden oder Finden möglichst aller zweckdienlichen, sich aus einer Sache ergebenden Möglichkeiten zu ihrer Ausführung bedeutet. Dabei wird man also nicht nur das Thema, sondern auch die Wirkung berücksichtigen, die man erzielen will. Der Autor hat zunächst die Verpflichtung, sich so genau und umfassend wie möglich über den Fall, den er behandeln will, zu informieren. Cicero, die Gerichtsrede als Beispiel vor Augen, schildert sein praktisches Vorgehen:

„Ich meinerseits pflege dafür Sorge zu tragen, daß jeder selbst mich über seine Angelegenheiten belehre und kein Fremder zugegen sei, damit er sich um so freimütiger ausspreche, und die Sache des Gegners zu führen, damit er die seinige verteidige und alle seine Gedanken über seine Angelegenheit mitteile. Hat er mich nun wieder verlassen, so übernehme ich allein mit der größten Unparteilichkeit drei Rollen, meine eigene, die des Gegners und die des Richters. Findet sich ein Umstand, der für die Sache mehr Vorteile als Nachteile bietet, so bin ich der Ansicht, denselben in der

Rede geltend machen zu müssen; worin ich aber mehr ungünstige als günstige Seiten finde, das gebe ich auf und verwerfe es ganz. Auf diese Weise gewinne ich den Vorteil, daß ich zu einer anderen Zeit über das, was ich vortragen will, nachdenke und zu einer anderen das Überdachte vortrage: zwei Dinge, welche die meisten im Vertrauen auf ihre Geisteskraft zu gleicher Zeit tun. Aber sicherlich würden eben diese Leute ungleich besser reden, wenn sie sich eine andere Zeit zum Nachdenken und eine andere zum Reden wählen zu müssen glaubten. Sobald ich den Gegenstand der Rechtssache gründlich erforscht habe, so tritt mir sogleich der eigentliche Streitpunkt vor die Seele. Denn worüber nun auch entgegengesetzte Ansichten unter den Menschen obwalten mögen, sei es, daß die Sache auf einer Beschuldigung beruhe, wie bei einer Missetat, oder auf einem Rechtsstreit, wie bei einer Erbschaft, oder auf einer Beratschlagung, wie über Krieg, oder auf einer Person, wie bei einer Belobigung, oder auf einer wissenschaftlichen Untersuchung, wie über die Einrichtung unseres Lebens – überall fragt es sich, was geschehen ist oder geschieht oder geschehen wird, oder von welcher Beschaffenheit es ist und wie es benannt wird."[1]

Das sind ganz praktische Handlungsmaximen für jede Art wirkungsbezogener Rede, und sie lassen sich mutatis mutandis auch für die Verfertigung eines Textes benutzen, der ein Thema glaubwürdig und wirkungsvoll darstellen soll. Die Suche nach Argumenten und Beweisen wird immer auch Nützlichkeitserwägungen miteinbeziehen, das heißt sie wird bewußt die eigene Sicht des Falles zugrunde legen. Daß Erkenntnis und Interesse zusammengehören, ist eine zutiefst rhetorische Einsicht, nach welcher (um mit Hegel zu sprechen) die Wahrheit nicht eine ausgeprägte Münze ist, die fertig gegeben und so eingestrichen werden kann. Sie entsteht vielmehr erst im freien, rationalen und engagierten Streit der Argumente. Dieser Streit freilich beruht nicht auf einer Dissoziation der an ihm beteiligten Parteien oder hat sie zum Zweck, sondern entwickelt sich aus der konkreten Gemeinsamkeit der Menschen (einer Schule, eines wissenschaftlichen Gesprächs, eines Seminars, einer Familie oder sonstigen Kommune) und bleibt ihr verpflichtet: Das ist es, was die Humanisten unter dem sensus communis, dem Gemeinsinn der Menschen verstanden haben. An dem „gemeinsamen Sinn für das Wahre und das Rechte"[2] findet das Parteiinteresse, die eigene subjektive Sicht und Auffassung des zur Disposition stehenden Problems sowohl Grenze wie Richtschnur, er ist ja zugleich der Boden, aus dem heraus sich die eigene Interessiertheit erst entwickelt.

„Wenn man aber unter den Beweisgründen selbst etwas aufstellt, was entweder offenbar falsch ist oder dem, was man gesagt hat oder noch sagen will, widerspricht oder seinem Wesen nach sich mit dem Gericht oder auf dem Forum üblichen Gebrauch nicht verträgt, sollte man dadurch nichts schaden? Kurz, meine ganze Sorge ist – ich wiederhole nochmals – stets darauf gerichtet, daß ich durch meine Rede womöglich etwas Gutes, wo nicht, wenigstens nichts Nachteiliges bewirke."[3]

Nicht immer ist diese pragmatische Richtschnur einfach und erfolgreich anzuwenden, und man kann die Fälle nicht ausschließen, in denen das Parteiinteresse und das Allgemeininteresse in prinzipiellen und nicht bloß partikulären Widerstreit miteinander geraten; in historischen Umbruchsituationen oder politischen Krisen häufen sie sich sogar. Hier kann die Aufgabe, das Einzelne und das Allgemeine in streitender Auseinandersetzung der Standpunkte miteinander zu vermitteln, oft nur hinsichtlich eines noch zu suchenden oder gar erst herzustellenden Gemeinsinns erfüllt werden. Um es an einem historischen Beispiel zu erläutern: In der französischen Revolution (aber auch in den nichtrevolutionären Ländern im 18. Jahrhundert) ergab sich der Gegensatz der Standpunkte aus dem Widerspruch von Interessen, wobei jede Partei für sich den Anspruch des Allgemeininteresses reklamierte: die eine aus einer historisch verbürgten (der feudalen), die andere aus einer sozial erfahrenen, aber institutionell und konkret erst herzustellenden zukünftigen (der bürgerlichen) Gemeinsamkeit heraus. Der sensus communis ist also gewiß eine notwendige Bedingung des gesellschaftlichen Lebens, doch niemals eine Konstante, sondern historisch variabel, eine Aufgabe, die nicht nur jede Generation neu zu lösen hat, sondern die sich gerade in der Abfolge der Generationen stets mit neuer Schärfe stellt.

Pragmatische Voraussetzung für das Auffinden der stichhaltigen und wirkungsvollen Gedanken ist das sorgfältige und gründliche Studium aller Umstände, die mit der zu behandelnden Sache in Zusammenhang stehen. Unter den Bedingungen der Spezialisierung in den modernen Wissenschaften ist diese Forderung oftmals nur schwer oder gar nicht mehr zu erfüllen, und bestimmte Themen wird allein noch der Fachmann angemessen zu vertreten wissen, was ihn freilich nicht der Pflicht enthebt, sich denen verständlich zu machen, an die er seine Rede richtet – man denke etwa an die Gutachtertätigkeit vor Gericht, in der Politik oder auch an Beispiele aus dem Privatleben. Immer dann schließlich, wenn

der Fachmann zum Lehrer wird, der seine Kenntnisse an ein ihm
wissenschaftlich unterlegenes Publikum, an Schüler, Studenten,
mehr oder weniger vorgebildete Laien zu vermitteln hat, tritt er
aus dem engen Zirkel der Gelehrsamkeit heraus, und seine Fach-
sprache nützt ihm wenig bei der Aufgabe, sich verständlich auszudrücken, ja macht sie womöglich zu einem unlösbaren Problem.
Durch den Verlust der rhetorischen Tradition ist hier seit dem
Ende des 19. Jahrhunderts ein Defizit entstanden, das in der Gegenwart nur höchst unzulänglich von einer weiteren Schwundstu-
fe rhetorischer Theorie: der Didaktik ausgefüllt wird. Die Didaktik (man braucht dabei nicht erst an Comenius zu denken) ist von
ihren Ursprüngen im europäischen Bildungssystem her rhetorische Domäne bis ins frühe 19. Jahrhundert geblieben, ihre Karrie-
re zur modernen (gar als selbständige Wissenschaft von Schulun-
terrichtstechnikern wie Hermann Helmers ausgerufenen) sogenannten Fachdidaktik bedeutet technokratische Einengung und –
in der nunmehrigen Spezialisierung des Vermittlungswissens selber – eine völlige Umkehrung. Die Fachdidaktik ist eine wesentliche Ursache für die spezialistische Enge unseres Bildungssystems
geworden.

Die in den folgenden Kapiteln beschriebenen, vom Zeitungsar-
tikel bis zur Festrede, vom Protokoll bis zur Reportage und zum
Radio-Feature reichenden Fälle entsprechen allerdings weitgehend noch dem traditionellen rhetorischen Paradigma. Danach
beruht die inventio zunächst auf Fähigkeiten, die zur Naturlage
des Autors und Redners gezählt werden, also vor allem auf
Scharfsinn, Urteilskraft und Fleiß begründet sind. Dazu kommen
dann noch Kunstfertigkeiten, also lehrbare Methoden und Techniken.

„Denn sowenig wir, wenn wir ein Wort zu schreiben haben, immer erst
die Buchstaben dieses Wortes in Gedanken zusammensuchen sollen,
ebensowenig geziemt es sich, sooft wir eine Rechtsstreitigkeit führen sollen, immer erst wieder zu den in den Lehrbüchern besonders angeführten
Beweisgründen seine Zuflucht zu nehmen, sondern wir müssen gewisse
Fundstätten in Bereitschaft haben, die sich uns, so wie die Buchstaben
zum Schreiben eines Wortes, ebenso für die Entwicklung der Sache sogleich darbieten. Aber diese Fundstätten können nur dem Redner von
Nutzen sein, der in den Sachen bewandert ist, entweder durch eigene Erfahrung, die das Alter erst verschafft, oder durch Hören und Nachdenken, wodurch man bei Eifer und Fleiß dem Alter voraneilt. Denn magst

du mir auch einen Mann vorführen, der noch so gelehrt ist, noch so viel Scharfsinn und durchdringenden Verstand im Denken zeigt, noch so viel Gewandtheit in der Kunst des Vortrages besitzt – es werden ihm, wenn er dabei in dem Herkommen des Staates, in den Beispielen, in den Einrichtungen, in den Sitten und Neigungen seiner Mitbürger ein Fremdling ist, jene Fundstätten, aus denen die Beweisgründe entnommen werden, nicht viel nützen. Eines gründlich durchgebildeten Geistes bedarf ich, wie der Acker nicht einmal, sondern zwei- und dreimal gepflügt werden muß, damit er desto bessere und größere Früchte hervorbringen könne. Eine gründliche Durchbildung des Geistes aber besteht in Übung, in Hören, Lesen und Schreiben."[4]

2. Faktische Beweismittel und Indizien

Zu dieser Art von Beweismitteln gehören „Dokumente, Zeugenaussagen, Verträge, Abmachungen, peinliche Befragungen, Gesetze, Senatsbeschlüsse, richterliche Entscheidungen, Erlasse, Rechtsauskünfte"[5], aber auch andere unmittelbare Zeugnisse aus den Lebensverhältnissen, Bilder, Filme, Originaltonaufnahmen und des weiteren alle als Indizien brauchbaren und in Rede oder Schrift integrierbaren sinnlich wahrnehmbaren Zeichen. Je nach Gegenstand, Thema und Zweck der Beweisführung kann dieser Gedankenfundus von großer (z. B. beim Lichtbildervortrag o. ä.) oder geringer (z. B. bei einer Literaturkritik) Bedeutung sein; die Evidenz, die den Indizien zukommt, garantiert eine große Überzeugungskraft, und mitunter ist ihnen darüber hinaus eine umgreifende affektische Wirksamkeit eigen. Die Kriminalliteratur, von ihrem Sujet her besonders dafür prädestiniert, rechnet auf eben diesen Effekt; er ist in allen künstlerischen Bereichen von Bedeutung, wo die Dingwelt eine über sich selbst hinausweisende Signifikanz erhält, die signatura rerum, die Sprache der Dinge selber zum Ausdruck gebracht werden soll, also besonders in den Bildmedien, von der Bildergeschichte bis zum Fernsehfilm, in den Inszenierungen des Theaters ebenso wie in den privaten Inszenierungen der Familienfeste, des Interieurs der Wohnungen oder öffentlicher Repräsentationsräume. Auch das Radio-Feature arbeitet mit diesen natürlichen Argumenten von akustischer Qualität, also etwa Musikeinblendungen oder andere Originaltöne, die für den Fortgang des Berichts die Funktion von evidenten Beweismitteln einnehmen. Ein überzeugendes literarisches Beispiel liefert hierfür die Rede des Antonius, die dieser, neben Caesars Leiche stehend, an das römische Volk hält.[6] Auch das Rollenspiel gehört noch hierher, wie es in einem anderen Drama von Shakespeare zentrale Bedeutung besitzt: die im „Hamlet" von der Titelfigur als Theaterspiel inszenierte Ermordung eines Königs.

3. Die technischen, methodisch ermittelten Argumente und Beweise

Die Gedanken und Beweise dieser zweiten Gruppe werden erst aus den Tatsachen entwickelt, sie beruhen „ganz auf der Erörterung und Beweisführung des Redners"[7], hängen also von seiner Kunstfertigkeit ab, davon, wie vollständig und zweckentsprechend der Redner seinen Stoff auszuschöpfen versteht.

„Denn es gibt keine Untersuchung, die es nicht entweder mit einer Sache zu tun hat oder mit einer Person; und so können auch Beweise nur bei Vorgängen ihre Stelle finden, die Sachen oder Personen betreffen, und diese kann man gewöhnlich entweder für sich betrachten oder in Beziehung zu etwas anderem..."[8]

Erfahrung und umfassende Bildung oder die Information durch einen Fachmann sind zwar Voraussetzung für die erschöpfende Gedankenentwicklung eines Problems oder Themas, doch hat die Rhetorik eine Art Findekunst entwickelt, die es erleichtern soll, auf die richtigen Gedanken zu kommen: die Topik, die eine Systematisierung von Suchformeln darstellt. Freilich lehrt die Topik nur das Allgemeine, d. h. die Fundorte der in dem besonderen Fall erst zu ermittelnden Beweise. Das Besondere, die auf die konkreten Gegebenheiten eines Streitfalles oder eines politischen oder weltanschaulichen Problems anzuwendenden Argumente, hat der Redner selber ausfindig zu machen. Die praktisch brauchbaren Überzeugungsmittel müssen sowohl dem zur Diskussion stehenden Einzelfall möglichst angemessen sein, als auch der Verständnismöglichkeit des Publikums (in der Regel ein, wenn auch gebildetes Laienpublikum) entsprechen.

„...denn für den praktischen Gebrauch sind die einzelnen und besonderen Dinge von größerer Bedeutung als die Kenntnis des Allgemeinen."[9]

Die Topik als Teilgebiet der Rhetorik hat gerade in den vergangenen Jahrzehnten in verschiedenen Einzelwissenschaften eine bemerkenswerte Renaissance erfahren, in der Jurisprudenz ebenso wie in der Philosophie, in den Sozial- wie in den Literatur- und Geisteswissenschaften. Die daraus folgende Begriffsspezialisierung, das Bemühen mancher Theoretiker, dem Überlieferten durch neue Nomenklaturen eine neue (die eigene) Autorschaft zu verleihen, müßte in einer umfassenden interdisziplinären Diskussion auf die gemeinsamen Quellen und Bezugskategorien zurückgeführt werden, bevor sie in ihrer Besonderheit erörtert werden können.[10] Gänzlich unberücksichtigt geblieben ist bislang die praktische Bedeutung der Topik für die Probleme der öffentlichen Rede, des Alltagsgesprächs und die pragmatisch-zweckhaft gerichteten literarischen Formen.

„Jeder Topos eröffnet verschiedene, sogar entgegengesetzte Argumentationsmöglichkeiten...; jede Argumentation kann durch verschiedene Topoi eröffnet und gestützt werden; das Auffinden des jeweils nützlichsten Topos und die Reihenfolge der Topoi-Anwendungen sind nicht rationalisierbar oder auch nur optimierbar; jeder Topos kann jedem anderen über- und untergeordnet werden, je nach Problemlage und Argumentationsinteresse. Die Brauchbarkeit eines Topos richtet sich nach zwei entgegenstehenden Kriterien, einerseits nach seiner Allgemeinheit, andererseits nach seiner Nähe zu der jeweils konkreten Problemsituation; die Vermittlung zwischen der zunächst ganz unbestimmten Allgemeinheit und der spezifischen Brauchbarkeit im einzelnen bedarf der eingehenden interpretatorisch-disputatorischen Bemühung.“[11]

In der Geschichte der Rhetorik hat es (nebenbei bemerkt) Tendenzen gegeben, die interpretatorisch-disputatorische Tätigkeit selber zu systematisieren und fertige Argumentreihen zur Verfügung zu stellen, aus denen der Redner sich nur noch zu bedienen brauchte, so daß die Arbeit entfiel, den allgemeinen Topos (zum Beispiel den Fundort anima natura = Wesensart der Person) aus der detaillierten Kenntnis des konkreten Menschen, um den es bei der Erörterung eines Streitfalles gehen mochte, mit den ganz besonderen Merkmalen auszufüllen.

„Die so genanten oratorischen collectanea, welche sich die Schüler der Beredsamkeit machen müssen / erfordern allerdings viel Zeit und Mühe: dennoch schaffen sie wenig Nutzen. Wiewenig Nutzen? manche machen ja ganze Reden aus ihren collecta_neis. Aber eben darum taugen sie nichts: eben darum ist darinne viel fremdes / und übel zusammenhangendes anzutreffen: eben darum zeigen sie keine männliche Beredsamkeit / sondern bestehen aus einem blossen Schul-Geschwätze / oder aus kindischen Wäschereyen."[12]

In der Tradition der Rhetorik-Kritik der Neuzeit hat die Topik immer eine gewichtige Funktion gespielt; ob Descartes oder Francis Bacon, das philosophische Interesse richtete sich gerade auf diejenige Erkenntnis, die nach Abzug aller vorgegebenen Gewißheiten zuletzt noch übrig blieb und von der ausgehend man zu neuen, nun nicht mehr durch Tradition, Glauben, Vorurteile[13] verstellten Erkenntnissen gelangen kann. Bacons Kritik der Vorurteile enthält auch eine radikale Erkenntniskritik der Topik, die für ihn die empirische Wahrnehmung, den Grund seiner neuen Methode, behindert und verfälscht. Weg von den Worten, hin zu den Sachen, lautet die Devise der neuen Wissenschaften; daß auch sie freilich viel zu kurz greift, wurde sehr früh gesehen: Giambattista de Vico, der Begründer des historischen Denkens und Lehrer der Beredsamkeit an der Universität Neapel (1668–1744) war es, der die weitreichendste Legitimation der Topik geliefert und gegen die philosophische Kritik verteidigt hat. In der Tat kann man sagen, daß Descartes, Bacon und ihre Schüler der Rhetorik (und damit der Topik) überhaupt erst den ihr eigenen Raum geschaffen haben, indem sie ihre universale Zuständigkeit in methodischen Zweifel stellten.

„Die Kritik ist die Kunst der wahren, die Topik aber die der reichhaltigen Rede. Die in der Topik oder in der Lehre, das Medium aufzufinden, Geübten – Medium nennen die Scholastiker, was die Lateiner mit Argumenten bezeichnen – besitzen, da sie gewohnt sind, beim Reden alle Punkte, wo Argumente bereit liegen, wie die Buchstaben des Alphabets zu durchlaufen, damit schon die Fähigkeit, ohne weiteres zu sehen, was jeweils in der vorliegenden Sache überzeugend gemacht werden kann. Die diese Fähigkeit nicht erreicht haben, verdienen kaum den Namen eines Redners; denn von den Rednern wird vor allem verlangt, daß sie imstande sind, im Drange der Verhandlung, die keine Verzögerung noch Vertagung zuläßt (wie es bei unseren Gerichten in Kriminalprozessen, wo der wahre Redner sich zeigt, so oft vorkommt), den Angeklagten, denen nur wenige Stunden für ihre Verteidigung zur Verfügung stehen, augenblicklichen Beistand zu leisten. Trägt man aber unsern kritischen Köpfen etwas Zweifelhaftes vor, so antworten sie: Darüber laß mich nachdenken. Ferner: unsere Redekunst hat es durchaus mit den Zuhörern zu tun; im Hinblick auf ihre Meinungen müssen wir unsere Rede einrichten, und die Natur will es, daß oft Leute, die sich von den mächtigsten Gründen nicht bewegen lassen, durch irgendein geringfügiges Argument von ihrem Standpunkt abgebracht werden. Daher muß der Redner, um die Gewißheit zu haben, daß er alle seine Zuhörer gepackt hat, alle Punkte, wo Argumente liegen, durchlaufen haben."[14]

4. Die Suchkategorien für Gedanken, Argumente und Beweise

Die Fundstätten (topoi, loci), an denen der geschulte Redner die für seinen Zweck wichtigen Argumente zu finden vermag, sind zu praktikablen, einprägsamen Kategorien verdichtet, die seit Aristoteles immer wieder in ihrem systematischen Zusammenhang dargestellt und ausgeführt wurden. Traditionsbildend sind vor allem die Systematisierungsvorschläge von Cicero (De inventione, Von der rhetorischen Erfindungskunst) und, auf ihnen fußend, von Quintilian in seinem wirkungsmächtigen Lehrbuch geworden.[15] Bei der Anzahl der Fundstätten, die man mit Heinrich Lausberg ihrer technisch-anwendungsorientierten Bedeutung wegen vielleicht besser Suchformeln oder aber Suchkategorien nennt, weichen Cicero und Quintilian etwas voneinander ab. Für Cicero ist die Zahl der Fundstätten begrenzt, da sich jeder spezielle Fall auf einen allgemeinen zurückführen läßt. Quintilian entgegnet, daß sich manche Beweisformen nur finden lassen, wenn man mehr der Führung der Natur als der Führung der Kunst folgt:

„Zumal ja die meisten Beweisformen sich nur so, im ganzen Gefüge der Fälle verflochten, finden lassen, daß sie mit gar keinem anderen Rechtsfall gemeinsam sind und dieses gar die durchschlagendsten und am wenigsten geläufigen Beweise sind, weil wir das, was allgemein gilt, aus den Regeln gelernt haben, das Eigentümliche aber im Einzelfall selbst finden müssen".[16]

Quintilian sieht damit die Möglichkeit, daß es Beweisgründe gibt, die in den Suchformeln nur sehr vage oder gar nicht erfaßt sind. Wie Quintilian, so unterscheidet schon Cicero Suchkategorien, die sich auf die Person, und Suchkategorien, die sich auf die Sache beziehen.

„Jede Sache erhält durch die Beweisführung ihre Bestätigung, entweder aus dem, was den Personen, oder aus dem, was den Geschäften zukommt."[17]

Im übrigen sind die Suchkategorien ganz formalisierte Regeln, also wertneutral, und wenn man vom Ethos des Schriftstellers, seiner moralischen Verantwortung also, absieht (der ideale Redner ist nach antiker Auffassung immer ein „vir bonus", also ein auch in moralischem Sinne guter, vorbildlicher Repräsentant seiner Gesellschaft), wird ihr Gebrauch von keiner weiteren Norm eingeschränkt. So können etwa in der Gerichtsrede beide Parteien nach Maßgabe ihres jeweils gegensätzlichen Zwecks dieselben Suchkategorien anwenden.

a) Die Suchkategorien nach der Person

Abstammung (genus)
In diesem Fundort liegen zuweilen, so Quintilian, Gründe für eine anständige oder unanständige Lebensführung, „denn die Söhne gelten meistens als ihren Eltern und Vorfahren ähnlich".[18] Die bewußt zurückhaltende Formulierung weist auf den begrenzten Wert dieses Fundortes hin, weil die aus ihm gewonnenen Beweise nicht zwangsläufig sind. Der Sproß eines alten Adelsgeschlechts ist nicht notwendigerweise ein edler Mann, nur weil er auf eine lange Reihe von Ahnen zurückblicken kann. Immer wird auch und gerade er einer besonders kritischen Bewertung seiner Taten und Gedanken durch die Zeitgenossen ausgesetzt sein. Wie die vornehme Abstammung ganz und gar die negative Wertung begründen kann, zeigt die folgende, aus bürgerlich-aufklärerischer Perspektive geschriebene Passage in Knigges „Über den Umgang mit Menschen":

„Man würde ungerecht handeln, wenn man behaupten wollte, alle Fürsten, alle sehr vornehmen und alle sehr reichen Leute hätten dieselben Fehler miteinander gemein, durch welche viele von ihnen ungesellig, kalt, unfähig zum echten Freundschaftsbande und schwer zu behandeln im Umgange werden; allein man versündigt sich wahrlich nicht, wenn man sagt, daß dies bei den mehrsten von ihnen der Fall ist. Sie werden in der Erziehung verwahrlost, von Jugend auf durch Schmeichelei verderbt, durch andre und sich selbst verzärtelt. Da ihre Lage sie über Mangel und Bedürfnis mancher Art hinaussetzt; da sie selten in Verlegenheit und Not geraten, so lernen sie nicht, wie nötig ein Mensch dem andern, wie schwer allein zu tragen manches Ungemach in der Welt, wie süß, teilnehmende, mitleidende Seelen zu finden, und wie wichtig es ist, andrer zu schonen, damit man einst zu ihnen seine Zuflucht nehmen könne. Sie lernen sich selbst nicht kennen, weil man sie aus Furcht oder Hoffnung die widrigen Eindrücke, welche ihre Fehler und Gebrechen wirken, nicht empfinden läßt. Sie sehen sich als Wesen besserer Art an, von der Natur begünstigt, zu herrschen und zu regieren, die niedern Klassen hingegen bestimmt, ihrem Egoismus, ihrer Eitelkeit zu huldigen, ihre Launen zu ertragen und ihre Phantasien zu schmeicheln. Auf die Voraussetzung, daß die mehrsten Großen und Reichen größtenteils diesem Bilde gleichen, muß man sein Betragen im Umgange mit ihnen gründen."[19]

Volksstamm (natio) und Vaterland (patria)

Die Fundorte „Volksstamm und Vaterland", die Quintilian in seiner „Ausbildung des Redners" getrennt behandelt, sind inhaltlich eng miteinander verknüpft. Dem einen liegen die eigentümlichen Lebensgrundsätze, Sitten und Gebräuche zugrunde, durch die sich verschiedene Volksstämme voneinander unterscheiden, dem anderen die von Staat zu Staat andersartigen Gesetze und Einrichtungen.[20] Im nachstehenden Beispiel mit zwei sich konträr gegenüberstehenden Meinungen haben beide Parteien die Fundorte Volksstamm und Vaterland für ihre Argumentation ausgewertet und kommen dabei doch zu ganz entgegengesetzten Schlüssen, weil einmal die Heimat der Ausländer und die dortige Rechtssprechung und zum anderen das Heimatland Bundesrepublik Deutschland mit seinem Grundgesetz als maßgeblich angesehen wird.

„Bestimmte ausländische Straftäter, argumentierte der Regensburger Gelehrte (Professor Friedrich-Christian Schroeder) in der ‚FAZ', seien an ein höheres ‚heimatliches Strafniveau' gewöhnt und hätten deshalb hierzulande eine ‚geringere Strafempfindlichkeit'. Selbst bei nach deutschen Maßstäben drastischen Strafen zeigten diese Ausländer, wie Schroeder beklagt, ‚keine Wirkung, ja sie machen sich teilweise darüber lustig'. Eigentlich, und das wäre Schroeders ‚optimale Lösung', sollten solche resistenten Delinquenten ‚an die Justiz des Heimatstaates übergeben' werden.

Das mißfiel nicht nur den Studenten. Der kulturpolitische Ausschuß des bayrischen Landtags erteilte dem Strafversessenen eine Rüge und forderte den Regensburger Uni-Senat zu einer Stellungnahme auf – ein bisher einmaliger Vorgang in der Geschichte der Universität.

Doch die Regensburger Professoren-Kollegen schwiegen, und Schroeder selbst fühlte sich stark genug, um eine Studentin, die ihn als ‚Rassist' bezeichnet hatte, wegen Beleidigung zu verfolgen. Der Rassismus-Vorwurf gegenüber einem ‚Erzieher der Jugend', rechtfertigte sich Schroeder in seiner Strafanzeige, störe den Rechtsfrieden ‚weit über meinen Lebenskreis hinaus', er bitte um ‚möglichst zügige Verfolgung'.

Doch die Entscheidung fiel nicht so aus, wie es sich der beleidigte Jugenderzieher erhofft hatte. Das Landgericht Regensburg befand Ende Juli, wie in erster Instanz schon das Amtsgericht, daß Schroeders ‚FAZ'-Artikel die Studentin zu ihrer Äußerung ‚geradezu provozieren mußte' und daß sie ‚so reagieren durfte wie geschehen'. Die Kammer hielt die Ausländer-Strafthesen des Professors ‚angesichts unseres Grundgesetzes nicht mehr für eine wohlabgewogene Äußerung eines juristischen Lehrstuhlinhabers'."[21]

Geschlecht (sexus)

Ein Raubüberfall ist eher einem Mann, ein Giftmord eher einer Frau zuzutrauen. Quintilians Beispiel[22] zum Fundort „Geschlecht", dem Hunderte von Kriminalromanautoren (und nicht nur diese) gefolgt sind, basiert auf einer Vermutung, die sich auf geschlechtsspezifische Sterotypen gründet.

„Das Weib neigt mehr zum Mitleid und zu Tränen als der Mann", schreibt Aristoteles in seiner ‚Historia animalium', „es ist neidischer, zänkischer und verleumderischer als dieser, leichter entmutigt und verzweifelt, weniger klug und in größerem Maße der Falschheit und dem Irrtum ausgeliefert. Die Frau besitzt ein besseres Erinnerungsvermögen als der Mann, sie ist wachsamer, jedoch weniger aktiv und beweglich, sie braucht auch nur wenig Nahrung... Der Mann ist eher dazu bereit, in Gefahr zu helfen; er ist mutiger als die Frau."[23]

Das Zitat bietet dem inventorischen Forscher eine Fülle von Allgemeinplätzen, die die moderne pädagogische und psychologische Forschung zwar in dieser generalisierten Form widerlegt hat, die aber dennoch als wirkungskräftige Vorurteile überlebt und Gültigkeit behalten haben. Ein im moralischen Sinne guter Redner, wie ihn die Rhetorik fordert, wird – auch gänzlich abgesehen von dem Risiko, sich vor einem kritischen Publikum selbst zu entlarven – auf die Benutzung dieser Klischees verzichten. Der Zugang zum Fundort Geschlecht ist damit natürlich nicht versperrt, wie das folgende kurze Zitat, in dem auch der Fundort Erziehung benutzt wird, illustrieren mag:

„Diese hochgejubelte weibliche Intuition, allgemein als ‚natürliche' Gabe in einem Wesen gesehen, das aufgrund seiner biologischen Voraussetzungen zur Mutterschaft und Erziehung der Kinder bestimmt ist, und deshalb auch mit der edlen Fähigkeit ausgestattet ist, immer das Beste für die anderen zu tun, ist auch ein Produkt der Konditionierung zur Unterwürfigkeit und der Notwendigkeit, ständig auf die Ideen, Launen, Reaktionen und Wünsche der dominierenden Wesen einzugehen."[24]

Alter (aetas)

Quintilian begründet das Alter als einen Fundort von Gedanken und Beweisen mit dem Argument, daß „manches mehr zu dieser, manches mehr zu jener Altersstufe paßt."[25] Das Ungestüm der Jugend und die Weisheit des Alters sind Zuweisungen, die eben diesem Fundort entstammen, der zumeist in Verbindung mit den Fundorten Wesensart und/oder Erziehung ausgewertet wird. Gotthold Ephraim Lessing, nicht mit dem Alter einer einzelnen Person sondern mit ganzen Menschenaltern rechnend, gibt in seiner „Erziehung des Menschengeschlechts" ein sehr anschauliches Beispiel für die Verbindung von Alter und Erziehung:

„Ein Volk aber, das so roh, so ungeschickt zu abgezogenen Gedanken war, noch so völlig in seiner Kindheit war, was war es für einer *moralischen* Erziehung fähig? Keiner andern, als die dem Alter der Kindheit entspricht. Der Erziehung durch unmittelbare sinnliche Strafen und Belohnungen."[26]

Erziehung und Ausbildung (educatio et disciplina)

Die Bedeutung dieses Fundortes beruht auf der noch heute gültigen, von der Sozialisationsforschung immer wieder bestätigten Erkenntnis, daß es „einen Unterschied macht, von wem und wie jemand unterrichtet worden ist".[27] Neben der Erziehung im engeren Sinne, die hier die zentrale Rolle spielt, ist bei diesem Fundort auch die Frage nach den Vorbildern von Bedeutung. In diesem Sinne schreibt Walter Jens in seinem Essay über Thomas Mann von den „Lehrmeistern des Schriftstellers":

„Ein Artist, dessen Lehrmeister ausschließlich deutsche Schriftsteller gewesen sind. Auch das macht ihn, im Zeichen der One-world-Kommunikation, den Jungen fremd. Heute lernen die deutschen Dramatiker bei Harold Pinter. Romanciers gehen in Hemingways oder Salingers Schule. Lyriker profitieren von Neruda und Ungaretti. Anders Thomas Mann mit seinen Magistern: den Meistern aus Deutschland. Mochte der *Buddenbrooks*-Autor seinem Freunde Grautoff noch so entschieden den Satz in die Feder diktieren: ‚Seine Meister habe der Verfasser, wenn schon von Meistern die Rede sein müsse, freilich nicht in Deutschland': Die Lehrmeister kamen dennoch aus seiner Heimat, hießen nicht Turgenjew und Dickens, ja, noch nicht einmal Kielland, Hamsun und Lie, sondern Schopenhauer, Wagner, Nietzsche, Fontane.
Schopenhauer zunächst. Von ihm hat er gelernt, die Realität einem Grundprinzip zu unterwerfen, der philosophischen Fragestellung – Wille und Vorstellung –, die jenes Zwei-Ebenen-Spiel ermöglicht, auf das sich

Thomas Mann wie kaum ein zweiter verstand. Seine Ostsee – Reinhard Baumgart hat recht – riecht nach Algen und Pessimismus zugleich.

Und dann Richard Wagner: der zweite Magister. Er hat Thomas Mann die Kunst gelehrt, wie man Materialien, den Riesenstoff einer Tetralogie vom Range der *Buddenbrooks* oder des *Rings,* organisiert und ihnen mit Hilfe von Ordnungs-Elementen Transparenz verleiht: wie man Beziehungen herstellt, Durchblicke ermöglicht und, durch Wiederholung der Topen in knappen Formeln auf Entsprechungen verweist."[28]

Körperbeschaffenheit (habitus corporis)

Der Fundort „Körperbeschaffenheit" erweist sich mit Sicherheit für einen Redner, der eine Laudatio auf einen verdienten Sportler halten soll, als sehr ergiebig. Schwieriger ist die Auswertung der Körperbeschaffenheit im Hinblick auf daraus zu folgernde charakterliche und seelische Eigenschaften. Quinitilians exemplarischer Schluß[29] von der stattlichen Erscheinung eines Mannes auf dessen Liebesverlangen wirkt, wenngleich er im Einzelfall durchaus zutreffen mag, heute nicht mehr einleuchtend.

Eine sehr differenzierte und reflektierte Auswertung des Fundortes Körperbeschaffenheit hat Wolfgang Promies in seiner Lichtenberg-Monographie vorgeführt:

„Seit früher Jugend litt Lichtenberg unter einer Verkrümmung des Rückgrats, die sich zum Höcker auswuchs. Die Ursache ist unsicher und einigermaßen belanglos, ob er von Geburt an darunter litt oder erst infolge eines Sturzes, den er durch die Unachtsamkeit einer Wärterin im achten Lebensjahr tat. Mißgestalt wird er für uns erst in dem Augenblick, da er sich selbst so beschreibt. Das ist mit siebenundzwanzig Jahren und in der dritten Person. *Ihr Körper ist so beschaffen, daß ihn auch ein schlechter Zeichner im Dunkeln besser zeichnen würde, und stünde es in ihrem Vermögen, ihn zu ändern, so würde sie manchen Teilen weniger Relief geben.* Das heißt behutsam angespielt, wo Zeitgenossen unverblümt aussprachen, daß Lichtenberg ‚ein unansehnlicher Mann, klein, höckericht, krumm an Füßen, mit einem sehr dicken Kopf', gewesen sei. *Seine eigene Figur lacht ihn aus,* konstatierte er 1775 selbst. Verlachte Lichtenberg die eigene Figur? Chodowiecki bat er 1779, bei seinen Illustrationen für den von Lichtenberg herausgegebenen Kalender, *alle sogenannten Leibes Gebrechen* zu vermeiden, *denn sie könnten sonst leicht jemand treffen, der mir sehr lieb wäre, oder gar mich selbst...*
Man ist neuerdings sehr delikat in Dingen, die an das Verhältnis von Körper und Geist rühren. Das achtzehnte Jahrhundert dachte darin rücksichtsloser. Es gebührt ihm offenbar das heikle Verdienst, aus der be-

merkten Zwiefalt des Menschen ein System von strikten Abhängigkeiten und Korrespondenzen ausgedacht zu haben. Seine Zeitgenossen sahen in Lichtenbergs Buckel gleichsam die Nötigung, von Natur wegen auf so bizarre Weise geistreich zu sein, wie er es war. Jean Paul, dem ein Freund Lichtenberg als ‚bucklichten Äsop' geschildert hatte, stellte in der ‚Unsichtbaren Loge' Lichtenberg neben Pope, Scarron, Aisopos: Bucklige mit reichem Witz! War nicht das äußere Merkmal seiner Humoristen übrigens die körperliche Abnormität, ein Hinkebein Schoppe?"[30]

Schicksal (fortuna)

Bei diesem Fundort untersucht der Redner, ob jemand gleichsam schicksalhaft vom Glück oder vom Unglück verfolgt ist. „Ich bin halt ein Pechvogel", „Er ist eben ein richtiges Sonntagskind" oder „Unser Unternehmen stand unter keinem guten Stern" sind geläufige, jedem bekannte Redensarten, die zwar (etwa vor Gericht) wenig argumentative Beweiskraft besitzen, aber dennoch ihre Wirkung nicht gänzlich verfehlen, da der Glaube an die Schicksalsbestimmtheit durchaus im allgemeinen Bewußtsein verankert ist. In Goethes „Wilhelm Meisters Lehrjahren" reflektiert die Titelfigur:

„Und muß ich nicht das Schicksal verehren, das mich ohne mein Zutun hierher an das Ziel aller meiner Wünsche führt? Geschieht nicht alles, was ich mir ehemals ausgedacht und vorgesetzt, nun zufällig ohne mein Mitwirken? Sonderbar genug! Der Mensch scheint mit nichts vertrauter zu sein als mit seinen Hoffnungen und Wünschen, die er lange im Herzen nährt und bewahrt, und doch, wenn sie ihm nun begegnen, wenn sie sich ihm gleichsam aufdringen, erkennt er sie nicht und weicht vor ihnen zurück."[31]

Soziale Stellung (conditio)

Quintilian weist darauf hin, daß es einen gewaltigen Unterschied macht, ob „jemand berühmt oder unbekannt, in seinem Amte stehend oder privat, Vater oder Sohn, Bürger oder Ausländer, frei oder Sklave, Ehemann oder Junggeselle, kinderreich oder kinderlos ist".[32] Die Bedeutung dieses Fundortes erweist sich beispielsweise im Gerichtsverfahren, bei dem die Tat nicht losgelöst vom Täter gesehen wird. So gelten, um nur ein Beispiel zu nennen, strafbare Vergehen von Lehrern, Pfarrern, Politikern etc. eben wegen ihrer sozialen Stellung in der Öffentlichkeit und den damit verbundenen Forderungen nach einer moralischen Vorbildlichkeit als besonders verwerflich. Ganz in diesem Sinne, nur mit umgekehrten Vorzeichen argumentiert auch der Rechtsprofessor in dem unter dem Fundort Volksstamm erwähnten Beispiel, wenn er sich als „Erzieher der Jugend"[33] ganz besonders von dem Vorwurf des Rassismus getroffen fühlt.

Wesensart (animi natura)
Bei diesem Fundort stellt sich die Frage nach der Gemüts- und Wesensart einer Person. Ist sie habgierig, jähzornig, streng, hilfsbereit, freigiebig...? sind die Kernfragen, die hier beantwortet und ausgewertet werden müssen. Es sind naturgemäß die biographischen Schilderungen, die hierfür eine Fülle von Beispielen bieten. Das gilt auch für die folgende Passage aus einem Text über Edgar Allan Poe:

„Nach Amerika zurückgekehrt, besuchte er die Universität zu Charlottesville. Seine vortrefflichen Anlagen, wie der boshafte Dämon, der uns so oft antreibt, das Böse allein darum zu vollführen, weil es verboten ist, den er später so oft mit ergreifendster Wahrheit schildern sollte, entwickelten sich hier. Er war der beste Schwimmer und Fechter, trank und spielte mit zügelloser Leidenschaft; zugleich aber setzten seine durchdringenden Beobachtungen, seine Auffassungsgabe, sein Scharfsinn in der Lösung der schwierigsten mathematischen Aufgaben Lehrer und Mitschüler in Erstaunen. Nur seine Leidenschaften vermochte er nicht zu bändigen. Er zerfällt mit seinem Pflegevater; fortgerissen von seinem Hange nach Abenteuern, in einer gewissen romantischen Ritterlichkeit, die mit all ihren guten und schlimmen Seiten dem ‚Gentleman' der Südstaaten eigen ist, verläßt er Amerika und eilt nach Griechenland, dort wie Lord Byron für die Befreiung der Hellenen zu kämpfen."[34]

Beruf (studia)
Der Fundort „Beruf", im weiteren Sinne die Art der Betätigung, wird von Quintilian in Hinblick auf die verschiedenen Möglichkeiten interpretiert, die beispielsweise einem Anwalt, Soldaten oder Arzt offenstehen. Die Ausschöpfung dieses Fundortes ist etwa bei einer Lobrede auf Albert Schweitzer angebracht, der in vorbildlicher Weise das Ethos seines Berufsstandes verwirklicht und in Taten umgesetzt hat.

Neigung (quid affectet quisque)
Was jemanden anzieht, so die wörtliche Übersetzung dieses Fundortes, kann auf die betreffende Person ein bezeichnendes Licht werfen. Hieraus lassen sich dann weitere Schlüsse auf das Verhalten und auf den Charakter ziehen. Die enge Verbindung mit dem Fundort Wesens- und Gemütsart zeigt folgender kurze Auszug

aus einer Biographie über den amerikanischen SchriftstellerErnest Hemingway:

„Seit seiner Pubertät war Hemingway nicht eine Minute im Zweifel, daß er Autor werden würde – oder gar nichts. Sein Großvater Hall prophezeite wenige Tage vor seinem Tode (1904), diesen Enkel bringe die ausschweifende Phantasie entweder ins Zuchthaus oder zu Weltruhm: Der Fünfjährige hatte ihm geschildert, wie er ganz allein ein durchgegangenes Pferd aufgehalten haben wollte."[35]

Vorgeschichte (ante acta dicta)
Unter dem Fundort „Vorgeschichte" werden alle für den vorliegenden Fall relevanten Geschehnisse, die zeitlich vor der Tat liegen, gefaßt. Was jemand vor dem zur Verhandlung stehenden Ereignis gesagt oder getan hat, wird meist durch Zeugenaussagen ermittelt. Dazu ein Beispiel aus der Prozeßberichterstattung einer Tageszeitung:

„Ein überwiegend düsteres Bild der 49jährigen Helga Scholz haben gestern Zeugen in dem Prozeß gegen den früheren Box-Europameister Bubi Scholz gezeichnet. Die 47jährige Geschäftsführerin einer der beiden Scholz-Parfümerien sagte aus, Helga Scholz habe in den letzten drei Jahren meistens schlecht über ihren Mann gesprochen.
Der Kaufmann Jürgen S. (48), der seit 15 Jahren mit dem Boxer eng befreundet ist, gab an: ‚Wenn sie angetrunken war, stichelte sie gern . . . Sie stichelte, um zu sehen, wie man reagiert.'
Auf die Frage des Gerichtsvorsitzenden, ob über Scheidung gesprochen wurde, meinte der Zeuge: ‚Es hat zwar Belastungen in dieser Ehe gegeben, die aber nie zu einer Scheidung geführt hätten. Helga konnte nicht ohne Bubi sein, Bubi nicht ohne Helga.'
Silvelien E. (47), Geschäftsführerin einer der beiden Scholz-Parfümerien, über ihre Chefin: ‚Sie hatte eine sehr negative Einstellung zu ihrem Mann. Sie hatte etwas Diabolisches an sich. Sie erkannte sofort Schwachstellen beim Gegenüber und nutzte sie dann voll aus.'
Über das Verhältnis Helgas zu Bubi Scholz sagte die Zeugin: ‚Helga Scholz wollte immer im Mittelpunkt stehen. Sie konnte sich nicht damit abfinden, daß ihr Mann prominenter war als sie.' Sie habe auch in der Parfümerie getrunken.
Bubi Scholz schilderte sie als sehr nett und ruhig: ‚Aber Frau Scholz wollte nicht, daß ich mich mit ihm unterhielt. Sie wäre froh, sagte sie mir einmal, wenn Bubi nicht mehr lebte; der Tod ist die beste Art der Trennung.' In den letzten Jahren sei Helga Scholz ausgesprochen giftig gewesen: ‚Sie war krankhaft geltungsbedürftig. Sie wollte sogar ihren Mann entmündigen lassen.'"[36]

Namen (nomen)
Dieser Fundort „bietet aber nur selten einen Beweis, er sei denn aus einem bestimmten Grunde gegeben wie die Beinamen ‚der Weise, Große, Fromme‘".[37] Die sogenannten sprechenden Namen finden sich weitaus häufiger in der literarischen als in der wirklichen Welt. Namen von Helden wie Old Shatterhand, Old Firehand oder Old Surehand bedürfen an dieser Stelle sicherlich keiner weiteren Erläuterung; das Beispiel einer literaturkritischen Auswertung steht bei Polgar:

„Also ist es schon sehr gespenstisch, belastend, schwefelfarben in dem stillen Uhrmacherheim, es hat sich in ihm schon sehr viel psychischer Stickstoff angesammelt, als das Erscheinen jenes Psychiaters – er heißt Professor von Viereck, und der Name ist bezeichnend für diesen Quadratschädel – die kranke Ruhe zu scheinbar gesundem Konflikt löst."[38]

b) Die Suchkategorien nach der Sache

Die Trennung von Person und Sache hinsichtlich der Bearbeitung des Themas ist gewiß künstlich und rigoros kaum durchzuführen; sie hat methodisch-systematische Gründe und dient vor allem der praktischen Handhabbarkeit der Suchkategorien. Den Zusammenhang berücksichtigt auch etwa Quintilian, wenn er den Sachbereich diejenige Sphäre nennt, in der „unsere Handlungen mit Personen verbunden sind."[39]

Beweggrund, Ursache (causa)
Die zu diesem Fundort gehörige Kernfrage lautet: Warum ist es getan worden? Quintilian teilt die Gründe in zwei Gattungen mit je vier Erscheinungsformen ein, denn bei dem Grund für eine Tat dreht es sich in der Regel um „Gewinnen, Steigerung, Erhalten und Gebrauch von Gütern oder um das Meiden, Freimachen, Vermindern oder Ertragen von Übeln."[40] Hinzu kommen die in diesem Katalog nicht erfaßten „zufälligen Mängel"[41] wie etwa Volltrunkenheit oder Unwissenheit. In vielen Fällen kommen mehrere Motive zusammen. Einem hungerleidenden Familienvater, der in ein Lebensmittelgeschäft einbricht, um die hungrigen Mäuler zu Hause stopfen zu können, geht es sowohl um Erhalten und Gebrauch von Gütern als auch um das Vermindern von Übeln. Wie dieser Fundort zum Dreh- und Angelpunkt eines Romans werden kann, zeigt Erich Loest in seiner fiktiven Geschichte um das Leipziger „Völkerschlachtdenkmal":

„Wollen Sie mich beschwichtigen, ich sei nicht verhaftet – also darf ich nach Hause gehen? Sie lächeln – vor Jahren hätte man formuliert: maliziös. Sie wollen alle Gründe herausfinden, derentwegen ich ins Denkmal eingedrungen bin. Ich hab in diesem strengen Haus in der Innenstadt schon darüber berichtet; sie wollen Hintergründe hören – nun schön. Ich streite keineswegs ab, daß ich das Völkerschlachtdenkmal sprengen wollte."

Die letzte zusammenfassende Begründung findet sich erst fast 300 Seiten später am Schluß des Romans: „Meine Stadt, ich wußte es endlich, war ihres Wahrzeichens nicht mehr wert."[42]

Ort (locus)

Das oben angeführte Beispiel weist bereits auf eine Bedeutung des Ortes bei der Betrachtung eines Falles hin, die auch heute noch Gültigkeit besitzt. Der Diebstahl von Kirchengütern wird allgemein aus religiös-moralischer Sicht für verwerflicher angesehen als der Einbruch in eine x-beliebige Bankfiliale. Bei einem Delikt wie Hausfriedensbruch spielt der Ort sogar die ganz zentrale Rolle, und die Frage nach der Beschaffenheit des Ortes (privat, öffentlich, halb-öffentlich?) steht im Vordergrund der inventorischen Forschung, weil er zuletzt die Definition des Tatbestandes bestimmt.

Bei der politischen Beratungsrede kann der Redner mit dem Ort argumentieren, indem er ihn als günstig bzw. ungünstig für das Vorhaben herausstellt, etwa wenn es darum geht zu entscheiden, ob man dem feindlichen Heer besser auf freiem Feld oder auf einem unwegsameren Gelände entgegentritt.

Auch in der Lobrede, die ja nicht nur Personen, sondern ebenso Städte und Landschaften zum Gegenstand haben kann, steht der Ort als solcher oft sogar im Mittelpunkt des Interesses und muß als Fundort für Gedanken und Beweise möglichst umfassend und vollständig ausgeschöpft werden.

Als Beispiel können an dieser Stelle nur die ersten zwei Strophen eines Gedichts angeführt werden, das insgesamt eine sehr weitgehende Ausschöpfung dieses Fundorts zeigt.

„Stadt oder Land
Tenzone zwischen der Fürstin E. Reuß und Th. Fontane
(6 Juni 1862)

Fontane
‚Stadt oder Land‘, so lautete die Frage,
Und meine Wahl vertrau’ ich diesem Blatt;
Nicht lange schwankt das Zünglein an der Waage,
Links sinkt die Schale, und ich rufe ‚Stadt‘.
Ein Dorf, ein See, ein bißchen Waldidylle,
Ein Storchennest, ein offnes Scheunentor, –
Es reicht nicht aus, ich lobe mir die Fülle,
Ich zieh’ die Stadt, den Kampf, das Leben vor.

Reuß
Ist Fülle nur in grauen Häusermassen?
Ist Kampf da, wo geputzte Leute stehn?
Ist Leben nur in vollgedrängten Gassen?
Dann hast du wenig Leben nur gesehn!
Geh in den Wald und lausche seinem Leben
Und sieh des Landmanns Kampf im blachen Feld,
Der mit der Scholle ringt, den Schatz zu heben,
Die Fülle, die sich tief verborgen hält.“[43]

Zeit (tempus)
Zu diesem Fundort zählen grundsätzlich alle Beweise, die sich von
der Zeit ableiten. Sie können von entscheidender Bedeutung sein,
wenn sich daraus etwa (in Kombination mit der Suchformel Ort)
ein hieb- und stichfestes Alibi für den Angeklagten ergibt. Auch
die Frage nach einer etwa bereits eingetretenen Verjährungsfrist
fällt unter den Fundort Zeit.

Die Zeit hat für alle Redegattungen eine große Bedeutung. In
der Beratungsrede wird der Redner u. a. auch erläutern, ob neben
dem Ort auch die Zeit („Jetzt oder nie!“ heißt hier der häufige
Standardsatz) für das geplante Vorhaben günstig ist. In der Lobrede tritt häufig ein anderer, allgemeiner Begriff der Zeit auf,
wenn der Redner Rückblick auf das Leben des Jubilars hält und
auf die „schweren Zeiten“ hinweist, die dieser nach Kriegsende
durchlebt hat. Auch in den meisten Kriminalhandlungen, ob fiktiv
oder real, spielt er eine wichtige Rolle.

„Mister Poole hat selbst darauf hingewiesen, daß er in einiger Hast die Garderobe während seiner kurzen Abwesenheit von der Bühne hätte erreichen können. Er hätte meiner Meinung nach in der kurzen Zeitspanne, über die er verfügte, nicht all das tun können, was zu tun war, und durch ein verspätetes Auftreten jedermanns Aufmerksamkeit auf sich gezogen. Mister Doré ist in einer etwas anderen Kategorie als die übrigen. Wir wissen, daß er mit Miss Tarne aus der Garderobe kam, aber obgleich er mit allen anderen auf der Seite der Souffleurkulisse stand und sogar gesehen wurde, hielt er sich hinter der Gruppe auf und befand sich dadurch etwas im Schatten. Die Aufmerksamkeit aller war in diesem Augenblick auf die Bühne gerichtet. Der Theaterbursche bemerkte, daß Bennington nicht mit den anderen Schauspielern in der Kulisse stand. Weder er noch irgend jemand hatten Grund, Dorés Anwesenheit nachzuprüfen."[44]

Art und Weise (modus)

Hier steht die Frage nach dem „Wie" im Vordergrund der Betrachtung, also insgesamt die Art und Weise, wie die Tat durchgeführt worden ist bzw. durchgeführt werden soll. Daß man hier mit einer sorgfältigen inventorischen Forschung große Erfolge erzielen kann, beweist eine Anleitung zum richtigen Schummeln in Schule und Universität, die bereits kurz nach ihrem Erscheinen ausverkauft war. In einer Besprechung der dritten Auflage heißt es:

„Wer auch nur ‚ausreichende Leistungen im technischen Werken der vierten Grundschulklasse' erbracht hat, braucht sich bis zum Abitur und nachher bei Klausuren auf der Uni keine Sorgen mehr zu machen: Per Sprechfunk gelingt ihm jeder schriftliche Leistungsnachweis so perfekt, daß Lehrer und Professoren staunen.

Man nehme ein Walkie-Talkie, ein bißchen Kabel und einen Lötkolben, erwerbe im Elektrogeschäft für 2,50 Mark einen Ohrhörer, bastele an dem Gerät derart herum, daß es weder akustisch noch optisch wahrnehmbar ist, und kann in jedem Fach jede Frage beantworten. Voraussetzung: Die Fragen müssen einem Experten übermittelt werden, der außerhalb des Klassenzimmers auf der Toilette oder im Auto hockt und das Pensum beherrscht.

Einzelheiten sind einem Taschenbuch zu entnehmen, das gerade rechtzeitig zu den schriftlichen Prüfungen dieses Schuljahres auf den Markt gekommen ist und als ein ‚praktisches Lehrbuch für Schüler und Studenten' *und* als ‚ein Ratgeber für die andere Seite (Lehrer, Prüfer etc.)' verstanden werden soll."[45]

Möglichkeiten (facultas)

Der Fundort „Möglichkeit" hängt eng mit der Glaubwürdigkeit der Sache oder des Geschehens zusammen, etwa wenn ein starker Mann einen wesentlich schwächeren anklagt, von diesem verprügelt worden zu sein. Zu dieser Suchformel gehören auch die Mittel (Tatwerkzeuge). Den Zusammenhang verdeutlicht der angeführte Fall, wenn der Kläger unter Hinweis auf die unterlegene körperliche Konstitution erwidert, daß der andere mit einem Knüppel bewaffnet gewesen sei, während er mit bloßen Händen dagestanden habe. Eine ganz vorrangige Stellung nimmt der Fundort Möglichkeit in fast allen Kriminalgeschichten ein, in denen die Gedanken der Protagonisten unaufhörlich darum kreisen, welche Möglichkeiten offenstehen, ein Verbrechen zu begehen bzw. es zu verhindern.

„,Es gibt nur eine Möglichkeit die Sache zu schaffen', legt Philipp Marlowe in Chandlers Erzählung „Der Bleistift" seinem Klienten dar. ‚Jetzt geben Sie mir mal Ihre Adresse und alles, was Ihnen sonst einfällt, Namen, Beschreibungen von sämtlichen Killern, die Sie je im Fleische erblickt haben.'"[46]

Definition (definitio)

Der Fundort „Definition" kann für den Angeklagten eine äußerst wichtige Bedeutung haben, wenn es etwa darum geht, ob seine Tat als Mord, Totschlag oder gar nur als fahrlässige Tötung benannt und juristisch eingeordnet wird. Wie sehr die Definitionsfrage mit dem Fundort Beweggrund zusammenhängt, veranschaulicht Quintilian, indem er die Frage aufwirft, ob jemand, der Waffen aus einem Tempel herausreißt, um damit in die Stadt eindringende Feinde abzuwehren, als Tempelschänder zu bezeichnen (und anzuklagen) ist oder nicht.[47]

Die Richtigkeit der Definition bestimmt die Überzeugungskraft aller weiteren Ausführungen. In dem folgenden, aus der „Neuen Juristischen Wochenschrift" entnommenen Beispiel wird aus der Frage nach der Definition von „Kriminalakte" das Problem entwickelt:

„Seit einiger Zeit sind verstärkt sogenannte polizeiliche Kriminalakten in der Diskussion. Das sind weder Strafakten noch rein polizeiliche Unterlagen, welche etwa nur die polizeilich-präventive Tätigkeit betreffen. Es handelt sich vielmehr um ein Konglomerat von Unterlagen über Strafverfolgungsvorgänge und über die präventive Tätigkeit der Polizei. Solch eine polizeiliche Kriminalakte kann in frühestem Stadium dann entstehen, wenn konkrete Verdachtsgründe für Straftaten i. S. von § 152 II StPO noch nicht bekannt sind, die Polizei aber glaubt, einem vermeintlich drohenden Übelstand vorbeugen zu müssen, z. B. denkbare Ausschreitungen von Randalierern, Einbrüche zur Ferienzeit, zu erwartende Verkehrsverstöße durch geeignete Maßnahmen von vornherein unterbinden zu müssen. Meist beginnt die polizeiliche Kriminalakte mit Vorgängen der Strafverfolgung, welche aus polizeilicher Sicht und für polizeiliche Zwecke erfaßt werden. Die politzeiliche Kriminalakte darf nicht mit Ermittlungsvorgängen, die in Strafakten übergehen, verwechselt werden; diese sind bekanntlich gem. § 163 II 1 StPO der Staatsanwaltschaft zu übersenden, von der sie weiter bearbeitet werden; zu den staatsanwaltschaftlichen oder gerichtlichen Akten kann die Polizei schon aus Zuständigkeitsgründen nicht etwa Parallelvorgänge führen. Selbstverständlich kann sie aber für ihre Zwecke weiter Vorgänge (Entwürfe usw.) sammeln, so daß namentlich bei bedeutsamen Verfahren auch Abschriften von Haftbefehlen, Anklagen, Gerichtsentscheidungen usw. in die polizeiliche Kriminalakte gelangen. Auch nach Abschluß eines Gerichtsverfahrens kann die polizeiliche Kriminalakte komplettiert werden, sofern das für die Erfüllung polizeilicher Aufgaben notwendig ist.

Die polizeilichen Kriminalakten sind namentlich in der Diskussion um die polizeiliche *Datenverarbeitung* von Bedeutung. Da die Polizeidienststellen bei der Beschickung des polizeilichen EDV-Systems INPOL und anderer beim Bundeskriminalamt geführter Dateien personenbezogene Daten aus allen polizeilichen Zuständigkeitsbereichen erfaßt, kommt es zu einer systematischen Vermischung sogenannter präventiver und repressiver Daten. Dementsprechend sind die personenbezogenen aktenmäßigen Grundlagen der Datenverarbeitung bestimmungsgemäß sowohl aus Unterlagen über die polizeilich-präventive Tätigkeit als auch aus Vorgängen über die Strafverfolgung zusammengesetzt. Die Polizei hat die polizeilichen Kriminalakten freilich institutionell ausgebaut und auch außerhalb der eigentlichen Datenverarbeitung zur Grundlage ihrer Arbeit gemacht...

Die Gefahren, welche sich aus derartigen gemischten Sammlungen ergeben, sind bislang nicht erkannt worden. In letzter Konsequenz führen die polizeilichen Kriminalakten jedoch zu rechtlichen Schwierigkeiten, die die Strafverfolgungstätigkeit der Polizei zu einem Risikofaktor für rechtsstaatliche Strafverfahren werden lassen und die voraussichtlich ohne ein Eingreifen des Gesetzgebers nicht zu lösen sein werden."[48]

Ähnlichkeit (similitudo)

Diese Suchformel leitet zum Beispiel auf einen oder sogar mehrere Präzedenzfälle, in denen das Urteil für den Angeklagten günstig ausgefallen ist. Dabei ist es von großer Bedeutung für die Beweiskraft, daß die Ähnlichkeit der zu vertretenden mit der herangezogenen Sache möglichst umfassend ist, da so die eigene Argumentation an Überzeugungskraft gewinnt. Ein Beispiel aus Schillers „Don Carlos":

> „Bastard sagt Ihr?
> Ich war, sagt Ihr, vom Tode kaum erstanden,
> Als sie sich Mutter fühlte? – Wie? Das war
> Ja damals, wenn ich anders mich nicht irre,
> Als Ihr den heiligen Dominikus
> In allen Kirchen für das hohe Wunder lobtet,
> Das er an mir gewirkt? – Was damals Wunder
> Gewesen, ist es jetzt nicht mehr? So habt
> Ihr damals oder heute mir gelogen.
> An was verlangt Ihr, daß ich glauben soll?
> O, ich durchschau Euch. Wäre das Komplott
> Schon damals reif gewesen – ja, dann war
> Der Heilige um seinen Ruhm."[49]

Vergleich (comparatio)

„Beisatz- oder Vergleichsbeweise nennt man diejenigen, die Kleineres aus Größerem, Größeres aus Kleinerem, Gleiches aus Gleichem erweisen"[50]; Quintilian führt für jede Beweisart ein Beispiel an: „Wenn jemand einen Tempelraub begeht, so wird er ja auch einen Diebstahl begehen" (Kleineres aus Größerem), „Wer leicht und in aller Öffentlichkeit lügt, wird auch einen Meineid schwören" (Größeres aus Kleinerem), „Wer Geld genommen hat für einen Urteilsspruch, wird es auch für ein falsches Zeugnis nehmen" (Gleiches aus Gleichem).[51] Mit Vergleichsbeweisen wird auch häufig in der Literaturkritik argumentiert, wenn der Rezensent das besprochene Buch mit einem früheren Werk des Autors vergleicht.

„Der Ruhm der jungen Französin *Françoise Sagan* hat nur in begrenztem Umfang literarische Wurzeln, er hat überwiegend moralische und soziale Gründe, die allerdings in einer Stadt wie Paris bei einem auffallenden schriftstellerischen Erfolg selten ganz fehlen. Als die Achtzehnjährige mit ‚Bonjour Tristesse' debütierte und es in kurzer Zeit zu einer riesenhaften Auflage brachte, erstaunte sie zwar auch durch ihr frühreifes Talent, aber doch vor allem dadurch, daß ein so junges Mädchen mit einer so kaltherzigen Sachkunde den seelenlosen Mechanismus der Erotik in einer bestimmten Gesellschaftsschicht zu schildern unternahm. Ein Backfisch, der zwar nicht mehr ‚im Flügelkleide', sondern im knappen Bikini daherkam, strichelte den Überdruß, den der bedenkenlose Genuß physischer Liebe hervorzurufen vermag, so geschwind und doch vieldeutig hin, daß jedermann sich die Frage stellte: ‚Woher weiß sie das alles?‘ Genau diese Frage ist der Ausgangspunkt aller Sensation, die ihr Schreiben und ihre Person erregten. Wo das Biographische eines Autors ungebührlich in den Vordergrund geschoben und mit dem Gegenstand seiner Bücher geflissentlich kontrastiert wird, da wird die Leserschaft förmlich aufgefordert, das Leben des Autors mit den Erlebnissen seiner Romanfiguren gleichzusetzen, das Jungmädchenleben der Französin nahm ungeheuerliche Umrisse an, man schmückte sie mit der Verderbnis ihrer Figuren und vergaß meistens, deren Melancholie hinzuzufügen.

Von diesem Verhängnis, das sich auf den Absatz glänzend auswirkte, ist die junge Autorin nicht wieder losgekommen, wobei man sich allerdings die Frage stellen muß, ob sie sich je von ihm hat befreien wollen. Ihr drittes Buch *In einem Monat, in einem Jahr* wiederholt die alten Motive mit einer gewissen Monotonie. Denn wenn die Beziehung zwischen den Geschlechtern auch ein Gegenstand ist, den keine Literatur je auszuschöpfen vermag, so weiß auch der Unerfahrene doch spätestens aus ihrem ersten Buch, daß die Liebesverwicklungen eines Freundeskreises, dessen erotische Erlebnisse sich durchkreuzen und – sei es aus Bequemlichkeit, sei es aus Mangel an Neugier – über die Grenzen des Kreises nicht hinausgehen, zu nichts Gutem führen können und nicht nur die Freunde, sondern auch das Publikum ermüden."[52]

Fingierte Annahme (fictio)

Der Fundort „fingierte Annahme" erfordert vom Redner die schöpferische Fähigkeit, aus dem ihm vorliegenden Fall fiktive Folgerungen abzuleiten, die er anschließend (unter Zuhilfenahme der genannten Fundorte) in seinem Sinne auswertet. Ein Beispiel aus der Gerichtsrhetorik:

„Wenn der Angeklagte nicht wie ein Streuner ausgesehen hätte, sondern wie ein ‚ehrbarer‘, gutsituierter Bürger gekleidet des Nachts durch die Straßen gegangen wäre, hätte die Polizei ihn trotz der räumlichen Nähe zum ausgeraubten Juweliergeschäft nicht verhaftet und meinem Mandanten wäre die entwürdigende Prozedur der Verhaftung, der Einkerkerung und der stundenlangen Verhöre erspart geblieben."

Die Fragestellung „Was wäre gewesen, wenn…?" korrespondiert mit der Frage nach dem „Was wird sein, wenn…?", die Politiker häufig in ihren Reden verwenden, indem sie den Wählern in den schwärzesten Farben ausmalen, was an politischen, sozialen und wirtschaftlichen Folgen auf das Land zukommt, wenn am Tage X die Gegenpartei die Mehrheit erringt.

Umstände (circumstantia)

Dieser letzte Fundort ist zugleich der schwierigste. Hier hat der Redner nach den besonderen Umständen eines Falles zu fragen, die durch die anderen Fundorte nicht oder nicht ausreichend ausgeschöpft worden sind. Im Vordergrund steht somit der Einzelfall in seiner ganzen Konkretheit, Einmaligkeit und Individualität.

In seinem Aufsatz „Über Heterogonie der Zwecke" analysiert Ernst Bloch beispielhaft einige entsprechende Fälle aus der Kulturgeschichte:

„Was gewollt ist, kann sich bedeutend ändern, wenn es getan wird. Also lernt der Mensch auch in seinen Absichten nicht aus, sobald und soweit er handelt. Zu den ursprünglichen Zwecken gehen ihm neue auf, die er vordem nicht vermutet hat, ja nicht vermuten konnte. Diese können gewiß auch absinkende sein, entspannte, herabgesetzte, ja bei verbummelten Gestalten in niedergehenden Gesellschaften zu nichts gewordene. Sie können aber auch einen frischen Antrieb entzünden, es kommt etwas hinzu, an das möglicherweise nicht einmal im Traum gedacht war, und aus dem Wilden, der auf die Bäume klettert, wird auf immer neuen, berichtigenden, belehrenden Umwegen schließlich der Mensch, der durch die Luft steuert. Wobei auch böse Antriebe zwar böse bleiben, aber im Effekt helfen können, wo sie schaden wollten. Jedenfalls läuft die vorgenommene Strecke nicht immer gerade, sie biegt oft um oder verzweigt sich. Es ist das ein menschlicher Vorgang, die Tiere kennen ihn kaum. Er ist selbstverständlich mit der Arbeit verbunden, als einer Tätigkeit, worin die Zweckabsicht fortwirkt, sich aber auch oft verwandelt...

Beethoven beabsichtigte so eine kleine Ouvertüre zu Fidelio, eine, die eine relativ milde Überleitung zu der spieloperhaften Szene geben sollte, womit die Oper beginnt. Aber bevor er die kleine E-dur-Ouvertüre schrieb, die dann paßte, erwuchsen ihm die drei Leonoren-Ouvertüren aus dem Vorhaben, eine großartiger als die andere. Oder: Wagner wollte, durch die damalige Unaufführbarkeit seiner Musikdramen entmutigt, eine gangbare Oper schreiben, ‚im Geschmack der Italiener': der zustande gekommene Effekt hieß dann Tristan und Isolde. Wie oft gab es sonst noch, mit einem im Objekt selber Geneigten für sich, den Saul, der ausging, Eselinnen zu suchen und ein Königreich fand. Kolumbus oder die Entdeckung eines Kontinents statt eines Seewegs nach Indien ist genau für positive Heterogonie der Zwecke der schlagende Archetyp. Auch Robert Mayer gehört hierher; er mag in der Beobachtung, daß das Venenblut in den Tropen ein helleres Rot zeigt als in kälteren Klimaten, in der Bemühung, die er auf die Erklärung dieses Phänomens wandte, noch kaum ein so Universales wie das Gesetz vom mechanischen Äquivalent der Wärme zu finden erwartet haben. So weit also reicht Heterogonie im

Vollzug – um von der Kraft, die stets das Böse will und stets das Gute schafft, ganz zu schweigen."[53]

5. Die wirksame Anordnung des Stoffes und der Gedanken

Schon die inventorische Forschung ist, hält sie sich an eines der erprobten Kategorisierungssysteme, nicht ziel- und strukturlos, berücksichtigt also schon Einteilungsgründe, die bei der abschließenden Anordnung des gesamten recherchierten Stoffes zu berücksichtigen sind. Aristoteles vertritt den Standpunkt, daß jede Rede in zwei große Teile zerfällt:

„(m)an muß nämlich den Sachverhalt, um den es sich handelt, darlegen und schließlich den Beweis zu dem Gesagten antreten."[54]

Entsprechend dieser Zweckgebung unterscheidet er Darstellung und Beweisführung, wobei er beide Teile als unabdingbar sogar nur der Gerichtsrede zugestehen will.

„Notwendige Teile sind also die kurze Zusammenfassung des zu beweisenden Sachverhaltes und die Glaubhaftmachung. Diese sind folglich charakteristisch. Am häufigsten findet man: Eingang, Darlegung des Sachverhaltes, Glaubhaftmachung und Redeschluß."[55]

Wie wichtig die zweckmäßige Anordnung des Stoffes und der Gedanken für die Wirkung der Rede ist, illustriert Quintilian an einem schönen Gleichnis.

„Denn auch, wenn alle Glieder gegossen sind, kann daraus erst ein Standbild durch die sachgerechte Errichtung werden, und wenn man an unseren oder anderer Lebewesen Körpern einen Körperteil vertauscht und verlagert, so würde daraus, mag sie auch die gleichen Körperteile haben, dennoch eine unheilkündende Mißgestalt. Auch die Gliedmaßen verlieren, wenn sie nur leicht aus ihrer Lage gebracht werden, ihre Gebrauchsfähigkeit..."[56]

Der natürlichen Ordnung des Körpers gemäß sollen auch die Argumente angeordnet werden. Quintilian fährt fort:

„Auch ist es gewiß kein Irrtum zu glauben, die Natur selbst beruhe auf dieser Ordnung, durch deren Verwirrung alles zugrunde gehen werde. So muß auch die Rede, der dieser Vorzug fehlt, unvermeidlich ins Gedränge kommen, ohne Lenkung dahinströmen und ohne inneren Zusammenhang vieles wiederholen, vieles übergehen, als irrte sie bei Nacht in unbekanntem Gelände, ohne daß ihr ein Anfang und ein Ziel gesetzt ist, eher dem Zufall folgend als einem Plan."[57]

Die Aufgaben des Redners (zu unterrichten, zu unterhalten, mitzureißen), die sich mehr oder weniger vollständig auch auf den Schriftsteller übertragen lassen, bedeuten auch eine bestimmte Gedankenfolge. Die *Einleitung,* die auf das Thema einstimmen und die Hörer oder Leser für die eigene Absicht gewinnen soll, wird sich besonders der affektischen wirkungsvollen Gedanken bedienen; gleichfalls der *Schluß,* die letzte und nachhaltigste Gelegenheit, die eigene Ansicht wirkungskräftig durchzusetzen. In den übrigen Redeteilen, in der *Erzählung* (narratio) und der *Beweisführung* (argumentatio) werden die sachlichen, rationalen Argumente dominieren. Die Beweise erhalten ihre Kraft demnach aus der vernünftigen Abfolge; diese zu gewährleisten, ist zuallererst die Aufgabe der Disposition. Cicero richtet die Anordnung und Stellung des Stoffes und der Beweisgründe im wesentlichen nach der Folge der Redeteile:

„Es gibt dabei ein doppeltes Prinzip: Das eine bringt schon der Charakter der Prozesse mit sich, das andere ist durch die Urteilskraft und die Klugheit der Redner bedingt. Denn daß wir etwas sagen, ehe wir zur Sache kommen, daß wir sodann den Sachverhalt darlegen, daß wir ihn danach zu beweisen suchen, indem wir unsere Position erhärten und die feindliche erschüttern, daß wir dann schließen und so zum Ende kommen, das schreibt uns die Natur der Rede selber vor."[58]

Doch hat die Rhetorik über diese Dispositionsmöglichkeit hinaus (aber mit ihr kombinierbar) weitere Ordnungssysteme entwickelt, die wichtigsten von ihnen sind auch für die Rhetorik des Schreibens von unmittelbar praktischer Bedeutung. Welche man zuletzt wählt, hängt sowohl vom Thema (ob es sich z. B. aus zwei antithetischen Gedanken zusammensetzt) als auch vom Zweck der Rede oder des Schriftwerks ab (ob z. B. hauptsächlich informiert oder aber eine Diskussion initiiert werden soll).[59]

a) Die zweigliedrige, antithetische Disposition

Die Anordnung geschieht dem Gegensatz entsprechend, der durch den Fall, das Thema vorgegeben ist oder der diskussionsanregend aus dem Gegenstand entwickelt wird. Die beiden antithetisch gegenüberstehenden Teile werden nach Umfang und Ge-

wicht der Argumente etwa gleich sein, damit die Spannung ge-
wahrt und die Zweigliedrigkeit nicht bloß Vortäuschung ist, die,
einmal erkannt, die Rede ebenso wie den Text um den Erfolg
bringen kann. Diese polare Auseinandersetzung der Gedanken
hat die Vorteile der Klarheit und Übersichtlichkeit und ist durch
die Spannung der Gegensätze auch sehr publikumswirksam. Sie
ist vor allem für kürzere Beiträge geeignet und wird sich in den
meisten Fällen auf die wichtigsten Argumente beschränken, also
keine Vollständigkeit anstreben, da sonst die Spannung zwischen
den Gegensätzen leidet (bei dem Schema A – B) oder durch die
dauernde Wiederholung von Gegensatzpaaren Ermüdung droht
(bei dem Schema A – B, A – B, A – B, …).

b) Die dreigliedrige Disposition

Der Stoff wird in drei Teile (etwa: Einleitung, Mitte, Schluß) geteilt, wobei vor allem der Mittelteil die Fülle der Gedanken zu demonstrieren hätte. Durch die Aufteilung der Mitte läßt sich die
(übergeordnete) Dreigliedrigkeit auch auflösen, etwa nach dem
Muster: A + B + B + B + C.

c) Die viergliedrige Disposition

Der Mittelteil der dreigliedrigen Ordnung wird durch zwei polar
angeordnete Gedanken geteilt: A – B – B – C.

d) Die fünfgliedrige Disposition

Der Mittelteil der dreigliedrigen Ordnung wird seinerseits dreige-
teilt: A – B – B – B – C. Schon die Aufgliederung des Mittelteils in
zwei Partien besitzt die Tendenz zur Verselbständigung; bei der
dreifachen Teilung ergibt sich von selbst die Behandlung der Mitte als eines selbständigen Ganzen, das wiederum verschieden gegliedert sein kann. Die Fünfgliedrigkeit liegt zum Beispiel auch
der Disposition des klassischen Dramas in fünf Akten zugrunde.

e) Die mehrgliedrige Disposition

Die mehrgliedrige Disposition strebt Vollständigkeit an, darf aber
nicht in einer bloßen Aufzählung und Aneinanderreihung bestehen, sondern muß auf ein Ziel, einen Höhepunkt bezogen wer-

den. Grundsätzlich ist es besser, nicht alles zu sagen und die Fülle der Gedanken zu begrenzen, also Überflüssiges, Beiläufiges, Minderüberzeugendes von vorneherein gar nicht erst in der Disposition zu berücksichtigen. Die Überfüllung mit Stoff macht die Darstellung schwerfällig, schränkt die Nachprüfbarkeit ein und ermüdet Leser und Hörer. Doch sind hinsichtlich der Ausführlichkeit natürlich der Zweck der Darstellung und die gewählte Gattung zu berücksichtigen: Eine umfangreiche Monographie stellt dabei andere Anforderungen als ein Aufsatz, eine Rede, ein Leitartikel.

Übungsaufgabe

1. Lesen Sie Heinrich von Kleists Erzählung „Michael Kohlhaas", und stellen Sie für eine Revision des Prozesses (nach welchem er zum Tode verurteilt worden war) die Argumente zusammen, die in einer solchen fiktiven Wiederaufnahmeverhandlung zugunsten von Michael Kohlhaas angeführt werden könnten. Bemühen Sie dabei sowohl das System der Suchkategorien nach der Person als auch das der Suchkategorien nach der Sache. Ordnen Sie die so gefundenen Argumente nach einer der üblichen Dispositionsmöglichkeiten.
2. Nehmen wir an, Sie hätten die Aufgabe, zu einem bestimmten Jahrestag für eine mittlere Tageszeitung eine kurze Würdigung Konrad Adenauers zu schreiben (Umfang 3 Manuskriptseiten mit 30 Zeilen à 65 Anschlägen). Stellen Sie auch dafür die Stoffmomente nach den beiden Systemen von Suchkategorien zusammen, und ordnen Sie den Stoff nach einer Dispositionsmöglichkeit.

C) Der Schreibprozeß: rhetorische Techniken zur sprachlichen Verarbeitung

Die Fähigkeit, den im ersten Bearbeitungsstadium zusammengetragenen, im zweiten systematisch angeordneten Stoff nun drittens sprachlich auszuführen, ist mindestens ebenso wichtig wie die inventorische Forschung und vielleicht das schwierigste Kapitel der Rhetorik. Denn kein Gedanke wird verständlich geäußert werden und zur Wirkung kommen können, wenn es dem Autor nicht gelingt, für ihn die angemessene Sprache, den richtigen stilistischen Ausdruck zu gewinnen. Die Lehre vom rednerischen Ausdruck ist daher immer das Kernstück der Rhetorik gewesen und wohl differenzierter ausgebildet als alle übrigen Bereiche. Von Anfang an ist damit die Gefahr der Verselbständigung und der Reduktion der Rhetorik auf die reine Stillehre angelegt, die dann gegen Ende des 18. Jahrhunderts zunehmend Wirklichkeit wurde, im 19. Jahrhundert herrschte und unser Verständnis von Rhetorik immer noch behindert.

1. Die Verfertigung der Gedanken beim Schreiben

Für das Verfahren, die Gedanken in Worten auszudrücken, gibt es ein rhetorisches Vorstellungsmodell, das zwar plausibel, aber mißverständlich ist, weil es den einheitlichen Erkenntnisprozeß in zwei Teile auseinanderfallen läßt: „vestire atque ornare oratione", „durch die Rede einkleiden und ausschmücken"[1], wie es Cicero formuliert. Diese Metapher des Bekleidens für den Vorgang der sprachlichen Benennung von Sachen ist ein Allgemeinplatz geworden. Die genaue Entsprechung von Wort und Sache ist das angestrebte Ziel, doch werden in dieser Forderung (um der Verdeutlichung und didaktischen Brauchbarkeit willen) zwei Bereiche unterschieden, die eigentlich zusammengehören.

„Wenn Cicero direkt einmal von elocutionellen ‚loci' spricht und vor allem die ideale rhetorische Begabung in der meisterlichen amplifikatorischen Bearbeitung der loci communes erkennt, so zeigt dies, daß die klassische schulrhetorische Unterscheidung der partes artis zwischen der res-‚inventio' und einer hinzutretenden sprachlichen Ausgestaltung nur ad usum delphini gedacht war. Grundsätzlich galt die einheitliche Hervorbringung von Sache und Wort als das höhere Prinzip."[2]

Auch Quintilian hat diesen Tatbestand hervorgehoben und die elocutio die schwierigste Aufgabe des Redners genannt, aber vor einer Verselbständigung der Redekunst zu einer Art Ausdruckskunst um der schönen Wörter willen gewarnt:

„Denn meistens hängen die besten Ausdrücke mit ihrem sachlichen Gehalt zusammen und lassen sich an ihrem eigenen Glanz erkennen. Wir dagegen suchen nach ihnen, als seien sie immer verborgen und versteckten sich vor uns. So glauben wir niemals, sie fänden sich im Bereich dessen, worüber zu reden ist, sondern wir suchen sie an anderen Stellen und tun dem, was wir gefunden haben, Gewalt an. Großzügiger muß die Erwartung sein, die wir der Beredsamkeit entgegenbringen. Wenn diese über die gesunde Kraft ihres ganzen Körpers verfügt, wird sie das Glätten der Nägel und das Ordnen der Haare nicht für ihre eigentliche Sorge halten. Aber meist kommt es auch so, daß bei solcher Sorgfalt die Rede sogar schlechter wird: erstens, weil die besten Ausdrücke am wenigsten weit hergeholt sind und dem einfachen, aus dem wirklichen Wesen der Sache selbst stammenden ähneln. Denn die Ausdrücke, die die Mühe verraten, die sie gemacht haben, und es sogar wollen, daß man sie für erfunden und erkünstelt hält, finden nicht nur keinen Anklang, sondern verlieren auch ihre Glaubwürdigkeit deshalb, weil sie den Sinn verdunkeln und ihn ersticken, wie die Saat bei üppigem Graswuchs erstickt."[3]

Die eigentliche rhetorische Lehre besteht also in der Einheit von Denken und Sprechen, so daß Reden oder Schreiben dann nicht mehr bloß eine Bekleidung von Sachen mit Worten bedeutet, sondern Erkenntnis produziert und dadurch selber eine ars inveniendi, eine Erfinde- und Findekunst darstellt. Sehr schön hat Lichtenberg diese Überzeugung ausgedrückt:

„Zur Aufweckung des in jedem Menschen schlafenden Systems ist das Schreiben vortrefflich, und jeder, der je geschrieben hat, wird gefunden haben, daß Schreiben immer etwas erweckt, was man vorher nicht deutlich erkannte, ob es gleich in uns lag."[4]

Erkenntnisprozeß und Schreibprozeß sind dieser Überzeugung nach nicht nacheinander geordnet, sondern derart, daß sich die Verfertigung der Gedanken beim Reden und Schreiben selber vollzieht, um den Titel eines Aufsatzes von Kleist zu variieren, der noch ganz von rhetorischem Geist zeugt.[5] Dennoch ist damit eine Fähigkeit beschrieben, die keiner von vornherein besitzt, so daß man sich etwa, das Thema vor Augen, an den Schreibtisch setzen und drauflosschreiben könnte, in dem Vertrauen, die Argumente und Beweise würden sich dabei schließlich schon von selber und auch noch in der richtigen Reihenfolge einstellen. Die didaktische Trennung der Bereiche (Finden von Sachen und rednerischer Ausdruck) ist in jedem Fall für die Übung notwendig, und noch der erfahrene Redner oder Schriftsteller wird nicht ganz auf eine vorherige Reflexion des Stoffes und einen Ordnungsentwurf verzichten können; das um so weniger, je umfangreicher das Vorhaben ist, welches er verfolgen möchte. Eine Glosse von zwanzig Zeilen bedarf selten eines Argumentekatalogs mit anschließender Disposition, denn hier fallen diese Bearbeitungsstadien wirklich mit dem sprachlichen Ausdruck zusammen, ein Buch von zweihundert Seiten bedarf dagegen einer anderen Vorbereitung. Doch auch bei dessen Ausführung wird man immer wieder die Beobachtung Lichtenbergs machen, daß sich etwa beim Schreiben die Sache entgegen der vorher angefertigten Disposition verändert, man also zu einem ganz anderen Ergebnis (oder zu anderen Teilergebnissen oder methodischen Vorgehensweisen) kommt als vorgesehen. Die Erkenntnis des Wahren und Richtigen ist ein unendlicher Prozeß, in den das Interesse des Subjekts, seine Gefühle und Neigungen, selbst seine psychischen Befangenheiten und Vormeinungen nicht allein als Hemmnisse miteingehen, sondern die Entdeckung der Wahrheit erst ermöglichen. Niemals werden wir uns freimachen können von den Prägungen durch Kultur und Tradition, Gesellschaft und Sprache, also durchdringen zu jenem Unschuldszustand des natürlichen Denkens, das angeblich zur ungetrübten Erkenntnis führt. Vielmehr gilt es, alle diese Elemente, die jeder Erkenntnisprozeß voraussetzen muß, kritisch einzubeziehen in den Produktionsprozeß neuer Erkenntnisse.

2. Der sprachliche Ausdruck

Oberste Regeln für die sprachliche Fassung eines Themas sind in der Lehre vom inneren und äußeren aptum (Angemessenheit) und, damit zusammenhängend, in der rhetorischen Stillehre enthalten. Danach hat der Autor die Angemessenheit des rednerischen Ausdrucks an die Sache (= inneres aptum), an die Umstände (historische Situation, soziale Zusammensetzung des Publikums usw.) und hinsichtlich seiner Wirkungsabsicht (= äußeres aptum) zuallererst zu berücksichtigen und daran auch seine Rede- und Schreibweise (Stilhöhe) auszurichten.

Rhetorische Überzeugung ist es, daß allein die Fähigkeit, fehler-
frei und deutlich zu reden, noch nicht die eigentliche Kunst des
sprachlichen Ausdrucks darstellt.

„Durch seinen gepflegten und schmuckvollen Ausdruck aber empfiehlt
sich auch der Redner selbst, und geht es ihm bei den übrigen Leistungen
um das Urteil der Kenner, so in dieser auch um den Beifall der Menge,
und er ficht im Kampf nicht nur mit schlagkräftigen, sondern auch mit
strahlenden Waffen."[6]

Die Rhetorik lehrt also nicht primär die Kunst des spezialistischen
Ausdrucks und einer Schreibweise, die sich allein an ein wissenschaftlich gebildetes Publikum wendet. Der Normalfall ist das
Laienpublikum, das zwar auch nicht ungebildet ist, dem aber auf
jeden Fall die genaueren Fachkenntnisse fehlen. Die Ausgangslage
des antiken Redners unterscheidet sich – zumindest in diesem
Punkt – nicht wesentlich von den Grundbedingungen, die ein
Journalist in den modernen Massenmedien, ein Autor von Sach-
büchern, aber auch ein Politiker oder ein Lehrer in der Erwachse-
nenbildung vorfindet. Die Aufgabe besteht jedesmal darin, besondere Fachkenntnisse aus den verschiedensten Gebieten oder auch
ein spezielles Erfahrungswissen in einer sprachlichen Form mitzuteilen, die sowohl sachangemessen als auch allgemeinverständlich
und gegebenenfalls unterhaltsam und wirkungsvoll ist. Es geht dabei nicht um eine Popularisierung im landläufigen Sinne des Wortes, durch die der Gegenstand zwar vereinfacht, aber ebenso tri-
vialisiert wird, so daß er nicht mehr in sachangemessener Weise
zum Ausdruck kommt. Vielmehr fällt der Sprache hier die Aufgabe zu, auch schwierige Tatbestände derart einleuchtend zu formulieren, daß sie selbst an ein ganz unterschiedlich zusammengesetz-
tes Publikum mit uneinheitlichen Voraussetzungen vermittelt werden können. Das Ideal einer solchen Schreib- oder Redeart hat
Friedrich Schiller in seiner Abhandlung „Über die notwendigen
Grenzen beim Gebrauch schöner Formen" zusammenfassend dargestellt:

„Wer mir seine Kenntnisse in schulgerechter Form überliefert, der überzeugt mich zwar, daß er sie richtig faßte, und zu behaupten weiß; wer
aber zugleich imstande ist, sie in einer schönen Form mitzuteilen, der beweist nicht nur, daß er dazu gemacht ist, sie zu erweitern, er beweist auch,
daß er sie in seine Natur aufgenommen und in seinen Handlungen darzustellen fähig ist. Es gibt für die Resultate des Denkens keinen anderen

Weg zu dem Willen und in das Leben, als durch die selbsttätige Bildungskraft. Nichts, als was in uns selbst schon lebendige Tat ist, kann es außer uns werden, und es ist mit Schöpfungen des Geistes wie mit organischen Bildungen; nur aus der Blüte geht die Frucht hervor."[7]

Im Abschnitt elocutio hat die Rhetorik nun vor allem den Redeschmuck abgehandelt, also diejenigen sprachlichen Formen und Formulierungstechniken, die darauf abzielen, eine Sache verständlich, unterhaltsam und möglicherweise sogar mitreißend rednerisch darzustellen. Im wesentlichen dienen dazu die Tropen und die Gedanken- und Wortfiguren, die den üblichen Sprachgebrauch verändern und zu einer uneigentlichen, bildlichen Ausdrucksweise führen. Quintilian definiert den Tropus als eine „mit Schönheit ausgeführte Abänderung eines Ausdrucks oder einer Ausdrucksweise von der eigentlichen Bedeutung in eine andere."[8] Die Unterscheidung zwischen Tropen und Figuren ist schwierig, da „die Ähnlichkeit ... so handgreiflich (ist), daß sie auseinanderzuhalten gar nicht einfach ist."[9] Zudem ist die Einordnung auch von den antiken Theoretikern durchaus unterschiedlich vorgenommen worden, und so scheint es legitim, in diesem Falle Quintilian zu folgen, der (allerdings nach recht langwierigen Differenzierungsversuchen) zu dem Ergebnis kommt:

„Denn es kommt nicht darauf an, welchen Namen man irgendeiner dieser Erscheinungen gibt, wenn es nur deutlich ist, was sie für die Rede ausmacht; auch ändert sich durch Worte die Bedeutung der Sachverhalte nicht. Und wie Menschen, wenn sie einen anderen Namen angenommen haben als ihren früheren, doch die gleichen Personen sind, so werden auch die Erscheinungen, von denen wir sprechen, ob man sie nun Tropen oder Figuren nennt, das Gleiche leisten. Denn nicht in ihren Namen liegt ihr Nutzen, sondern in ihren Leistungen..."[10]

Über das System der Tropen und Figuren geben die verbreiteten Handbücher und Einführungen mehr oder weniger ausführlich Bescheid,[11] sie im Rahmen dieses Kapitels nochmals abgekürzt zu repetieren, hat kaum Sinn. Wohl wenigen ist es gelungen, ihre Schreibweise bildreich, lebendig und anschaulich zu gestalten durch die Rezeption, gar das Auswendiglernen rhetorischer Figuren. Wer bewußt schreibt, liest auch bewußt, und die Schulung an den Vorbildern war da schon immer das bessere Mittel der stilistischen Übung. Eine Erfahrung, die zum Beispiel den Biologen und Nobelpreisträger Karl von Frisch veranlaßt hat, „wenn ich eine

Arbeit niederzuschreiben hatte, allabendlich etwas aus (Gottfried)
Kellers Schriften zu lesen."[12] Freilich geht schulendem Lesen eine
Aufmerksamkeit voraus, die auch die stilistischen Phänomene erkennt, auf die es ihm ankommt. Solch gezielte Aufmerksamkeit ist
wiederum nur durch die Kenntnis der stilistischen Möglichkeiten
zu erreichen. Die gewaltige Fülle an Tropen und Figuren reduziert sich nun unter dem Aspekt erster Übungen in der Schreib-
praxis zwanglos auf eine überschaubare Reihe von Techniken der
sprachlichen Verarbeitung, die, wollte man ihre Anwendung
quantitativ erfassen, für einen Autor die wichtigsten Mittel
sprachlichen Ausdrucks darstellen. Sie sollen hier (da andere Ein-
teilungsprinzipien, wie etwa die Heinrich Lausbergs,[13] ebenso pro-
blematisch sind) schlicht nach Einzelwort- und Gedankenfiguren
eingeteilt werden, also nicht nach der Weise der nacharistoteli-
schen Poetik, die sich seit dem 18. Jahrhundert von der Rhetorik
zu lösen versucht, in Tropen und Figuren. Auch die Metapher, als
Parade-Tropus neuzeitlicher Poetik, galt bis zur Aufklärung
selbstverständlich als rhetorische Figur, die durch Bedeutungs-
übertragung von einem Wort durch das andere gekennzeichnet
wurde. Das Verfahren fußt auf der bildlichen Ausdrucksweise der
Sprache selber, die es gestattet, ein Wort nicht bloß in seiner eigentlichen, sondern auch in seiner übertragenen Bedeutung zu ge-
brauchen, so daß ein Wort wie „Kirchenlicht" nicht nur als Bezeichnung für eine bestimmte Gebäudebeleuchtung, sondern
ebenso für die Geistesverfassung eines Menschen stehen kann.
Unsere Sprache ist durchsetzt mit Bildern dieser Art, deren Unei-
gentlichkeit kaum noch bemerkt wird, also etwa „Aufklärung"
oder „Revolution", ja selbst ein so sachlich und nüchtern erschei-
nender Terminus wie „Materie" ist, näher betrachtet, durch Übertragung entstanden, enthält er doch noch die eigentliche Bedeutung von „Mutter", „Mutterschoß", „Schöpferin". Die technische
Prozedur bei der bildlichen Schreibart besteht also, kurz gesagt,
im Tausch eines unanschaulichen gegen ein anschauliches Wort,
eines abstrakten gegen einen bildlichen Sprachkomplex. Da die Fi-
gurenlehre hier nur exemplarisch unterm Aspekt der Hilfe bei eigenen Schreibübungen erörtert werden soll, wurden die illustrie-
renden Beispiele bewußt weit gestreut und heterogenen literarischen Bereichen entnommen, um nebenbei noch einen Eindruck
von der Anwendungsvielfalt dieser sprachlichen Ausdrucksformen
zu vermitteln.

3. Wortfiguren

Die Veränderung der üblichen, einfachen Ausdrucksweise geschieht bei den Wortfiguren durch Modulation des Einzelworts, sei es durch dessen Austausch, Wiederholung, Einsparung oder Anordnung.

a) Metapher (metaphora)

Die Metapher hat Aristoteles die „Übertragung eines fremden Namens"[14] genannt, wodurch ein bildlicher, sinnfälliger Ausdruck erreicht wird. Er entsteht durch das Vertauschen einer Begriffsbezeichnung mit einem Wort, das einen ähnlichen Begriff benennt. Mit Quintilians Worten:

> „Im ganzen aber ist die Metapher ein kürzeres Gleichnis und unterscheidet sich dadurch, daß das Gleichnis einen Vergleich mit dem Sachverhalt bietet, den wir darstellen wollen, während die Metapher für die Sache selbst steht. Eine Vergleichung ist es, wenn ich sage, ein Mann habe etwas getan ‚wie ein Löwe', eine Metapher, wenn ich von dem Mann sage: ‚er ist ein Löwe'."[15]

Die klassische Rhetorik hat vier verschiedene Metapherklassen unterschieden:
1) Beseeltes wird für Beseeltes gesetzt
   („Durst des Herzens"),
2) Unbeseeltes für Unbeseeltes
   („Sandbank der Zeit"),
3) Beseeltes für Unbeseeltes
   („Kamera-Auge"),
4) Unbeseeltes für Beseeltes
   („Schiff der Hoffnung").

Die metaphorische Ausdrucksweise ist sehr wirkungsvoll, da sie nicht bloß, wie der Vergleich, einen gemeinten Gegenstand mit einer anschaulichen Vorstellung verbindet, sondern diesen in jene überführt: aus etwas Totem etwas Lebendiges macht, Mineralisches verwandelt oder das Unbelebte verlebendigt. Auch die Verwandlung innerhalb einer Sphäre (beispielsweise „Odins Habichte" als metaphorische Bezeichnung für die Raben) kann zu sehr eindrucksvollen sprachlichen Effekten führen, die den Rezipienten überraschen, seine Aufmerksamkeit fesseln und der Sache selber neue Seiten, unvermutete Perspektiven öffnen. Die Metapher ist Ausdruck einer bewegten Wirklichkeit, in der die Positionen (tot und lebendig, lebend und mineralisch) austauschbar sind. Obwohl sie ihre Kraft aus der überraschenden Kombination, dem Unerwarteten und aus der Verbindung des Entgegengesetzten mit Hilfe eines „Reitersprungs der Phantasie" (wie Lorca das Verfahren seinerseits wieder metaphorisch beschreibt) bezieht, so beruht sie doch auf Denkkonventionen, denn nur so bleibt sie verständlich. Die Metapher weicht von diesen Konventionen und ihrem sprachlichen Ausdruck zwar ab, aber nur soweit, als die Identifizierung zweier Begriffe im Wort noch möglich ist, weil ihre Ähnlichkeit erkannt wird. Die Alltagsrede ist von meist unerkannten oder kaum noch erkennbaren Metaphern durchsetzt, die man deshalb sogar schon eine Sammlung abstrakter Metaphern genannt hat. Die Anzahl von entsprechenden Beispielen ist Legion und sei an dieser Stelle auf eine kleine Auswahl beschränkt. „Wird nicht auch die Lunge der Arbeiter hier mit diesem *eisernen Konfetti* überschüttet?" (Egon Erwin Kisch) – „Armer, gequälter Stahl" (Kisch) – „Noch immer werden … Netze aus Worten und Wörtern gesponnen" (Alfred Polgar) – „literarische Küche" (Polgar). Auch unsere Alltagsrede ist voller Metaphern: die brüllende Menge – endlose Autoschlange – er hat eine saubere Weste – er kann bei ihr nicht landen – und so weiter und so fort. Diese verblaßten Metaphern lassen sich auch als Grundlage für ein neues, erneut epatierendes metaphorisches Sprechen verwenden. Das geschieht durch Zusätze (das – schielende – Auge des Gesetzes) oder durch radikale inhaltliche Veränderungen („Aus seiner Haut aber kann jeder heraus, denn keiner trägt sie bereits." – Ernst Bloch).

Metaphorische Redeweise deutet auf das Unfertige, Offene der Gegenstände und Themen hin, indem sie nicht fix und fertige Benennungen übernimmt, sondern diese gerade negiert, durch neue Identifizierungen ersetzt und damit die gemeinte Sache in der Schwebe hält oder erneut schwebend macht. Daß Entscheidungen noch ausstehen und nicht bereits gefallen sind, so daß man ihnen nur noch Lob- oder Klagelieder nachsingen kann – das ist die wichtigste Voraussetzung rhetorischen Sprechens überhaupt (sie macht sich selbst in der Festrede noch bemerkbar) und der Grund dafür, daß die Metapher zu ihren ausgezeichneten Formen gehört.

b) Synekdoche

Quintilian definiert die Synekdoche als Wortvertauschung, so „daß wir bei einem Ding an mehrere denken, bei einem Teil an das Ganze, bei der Art an die Gattung, bei dem Vorausgehenden an das Folgende oder auch bei alldem umgekehrt...“[16]

Literatur und Umgangssprache bieten viele Beispiele (auf seinen Kopf ist ein Preis ausgesetzt, ein edler Tropfen, das Volk legt sich zur Ruhe), die die Verwandtschaft mit dem metaphorischen Sprechen zeigen. Auch die Abgrenzung zur *Metonymie* ist schwierig, bei der die Wortersetzung der Beziehung zwischen Ursache und Wirkung oder zwischen Produzent und Produkt folgt, wie zum Beispiel bei dem Ausdruck „Goethe lesen“ statt „Goethes Werke, Gedichte, Romane lesen“; des „Zepters Macht“ (Schiller).

c) Die Wortwiederholungen

Wortwiederholungen dienen der Absicht der Wirkungssteigerung und Vereindringlichung, sie dienen der Betonung zeittypischer Begriffe und Gefühlshaltungen und sind besonders affektanregend, was sich auch im alltäglichen Sprachgebrauch äußert. Schmerz, Freude oder Begeisterung werden vorzüglich durch Wortwiederholungen ausgedrückt: Junge, Junge, war das ein Spaß u. ä. Die Wiederholungen unterscheiden sich nach der Stellung der wiederholten Worte zueinander.

Die *geminatio* besteht in der sofortigen Wiederholung des gleichen Wortes oder der gleichen Wortgruppe: „Du, du, du süßes Kind“ (Johan Klai), oder „Seid einig, einig, einig“ (Schiller).

Die *Anapher* bedeutet eine Wiederholung des Wortes oder der Wortgruppe jeweils zu Anfang eines Satzes, Verses oder Abschnittes; schmückende Funktion und affektische Wirkung haben sie zu einer der wichtigsten Wiederholungsfiguren gemacht: „Alle diese Menschen ... wollen Brot, wollen Luft, wollen Liebe“ (Alfred Polgar).

Stehen die wiederholten Worte jeweils am Ende einer syntaktischen Einheit, spricht man von der *epipher,* wird das wiederholte Wort phonetisch abgeändert, handelt es sich um ein Polyptoton („Rauschende Feste sind mir vorübergezogen, Und aus rauschenden Festen wuchs mir der Kummer.“ [Joachim Ringelnatz]) oder eine *Paronomasie:* „Viel Künstliches steckte in der Kunst dieses Meisters“ (Alfred Polgar).

Damit ist diese Klasse der Wortfiguren längst nicht ausgeschöpft: ihrer affektischen Wirkungsqualität wegen sollten sie
nicht allzu betont und häufig eingesetzt werden: Die Gefahr der
unfreiwilligen Komik liegt sehr nahe. Weshalb sie auch oft zu sa-
tirisch-parodistischen Zwecken taugen wie etwa in einem Gedicht
Abraham a Sancta Claras:

„Nicht also kürren und schorren die Ratzen,
nicht also schreien und gmauzen die Katzen,
nicht also pfeifen und zischen die Schlangen,
nicht als rauschen und prasseln die Flammen,
nicht also scheppern und kleppern die Rätschen,
nicht als plurren und schnurren die Prätschen,
...
wie zwei wankende, zankende, reißende, beißende,
weinende, greinende, mockende, bockende,
trutzige, schmutzige
Eheleut."[17]

4. Satz- und Gedankenfiguren

Diese Klasse der rhetorischen Figuren betrifft die größeren Text-
einheiten, formt und gliedert sie bestimmten Absichten entsprechend, wobei Ausführung, Erläuterung und Detaillierung eines
Themas neben emotionaler Stimulierung die wichtigsten Zwecke
darstellen.

a) Vergleich und Gleichnis (similitudo)

Der Vergleich ist eine der wichtigsten Formen der Veranschaulichung, neben dem (meist abstrakten) Sachverhalt steht ein ein-
leuchtendes Bild desselben, oft durch die vergleichende Konjunk-
tion „wie" (oder „so ... wie") zusammengeschlossen. Gegenstand
und Bild müssen einen Punkt (Vergleichungspunkt, tertium com-
parationis) gemeinsam haben. Wenn man von jemandem sagt, er
stelze wie ein Storch, so liegt der Vergleichspunkt eben in der gra-
vitätisch-steifen Art der Bein- und damit auch der Körperbewe-
gung. Selbst an einem derart einfachen Beispiel wird die Leistung
des Vergleichs deutlich: Er stellt einen in direkt sachlicher Form
nur umständlich und aufwendig beschreibbaren Vorgang sinnfäl-

lig und leicht erfaßbar dar, indem er ihn mit einer konkreten Situation, einem ohne Schwierigkeiten zugänglichen oder im üblichen Erfahrungswissen präsenten Wirklichkeitszusammenhang assoziiert. Der Vergleich eignet sich also besonders für didaktische Zwecke.

„Weiter komme ich, wenn ich zum Vergleich an einen von Menschen absichtlich hervorgebrachten Gegenstand, zum Beispiel ein Kleidungsstück, denke. Hier sind die einzelnen Teile gemäß einem vorgefaßten Plan für das Ganze zweckmäßig. Und wenn ich dem Verständnis des lebenden Organismus näher kommen will, so kann ich nicht anders, als auch ihn, in Analogie zu den von menschlicher Existenz planmäßig hervorgebrachten Gebilden, als nach einem Plan eingerichtete zweckmäßige Ganzheit vorzustellen."[18]

Der Vergleich mit dem Kleidungsstück dient in diesem Beispiel dazu, den kantischen Gedanken einer teleologischen Betrachtungsweise der Natur zu veranschaulichen, indem er weiter ausgeführt wird, also nicht bloß in der Kurzform „wie ein Kleidungsstück" o. ä. erscheint, sondern weiter entfaltet („Hier sind die einzelnen Teile...") zum Gleichnis wird. Eine Entwicklung, die man in einem anderen, dem vielleicht berühmtesten Beispiel der neueren deutschen Literatur verfolgen kann. In seinem Roman „Die Wahlverwandtschaften" benutzt Goethe das Verhalten chemischer Verbindungen unter bestimmten Bedingungen, um darin menschliche Verhältnisse zu spiegeln:

„Diejenigen Naturen, die sich beim Zusammentreffen einander schnell ergreifen und wechselseitig bestimmen, nennen wir verwandt. An den Alkalien und Säuren, die, obgleich einander entgegengesetzt und vielleicht eben deswegen, weil sie einander entgegengesetzt sind, sich am entschiedensten suchen und fassen, sich modifizieren und zusammen einen neuen Körper bilden, ist diese Verwandtschaft auffallend genug. Gedenken wir nur des Kalks, der zu allen Säuren eine große Neigung, eine entschiedene Vereinigungslust äußert...' ,Lassen sie mich gestehen', sagte Charlotte, ,wenn Sie diese wunderlichen Wesen verwandt nennen, so kommen sie mir nicht sowohl als Blutsverwandte, vielmehr als Geistes- und Seelenverwandte vor. Auf eben diese Weise können unter Menschen wahrhaft bedeutende Freundschaften entstehen; denn entgegengesetzte Eigenschaften machen eine innige Vereinigung möglich.'"[19]

In dem Gespräch zwischen Eduard, Charlotte, dem Hauptmann, aus dem hier nur ein kleiner Ausschnitt zitiert werden konnte, wird dieser Vergleich zu einem umfangreichen Gleichnis ausgeführt, das seinen Reiz gerade durch das dauernde Changieren zwischen den menschlichen Sachverhalten und ihrer bildlichen Widerspiegelung in den chemischen Vorgängen gewinnt. Wobei die „Gleichnisreden", die Charlotte bagatellisierend „artig und unterhaltend"[20] nennt, alsbald vorausdeutend bedrohliche Ausmaße annehmen.

Das Gleichnis erstreckt sich auf mehrere Vorstellungen und ist selber mehrgliedrig, es bekommt dadurch ein Eigengewicht und eine eigene ästhetische Wirksamkeit. Die meisten Fabeln sind Gleichnisse in diesem Sinne, basieren auf (oft volkstümlichen) Vergleichen (er ist listig wie ein Fuchs) und fabulieren diese zu einem selbständigen Bilde, einer eigenen Geschichte aus; auch die Gleichnisse des Evangeliums könnte man in diesem Zusammenhang nennen, da in ihnen oft schwierige theologische Fragen und religiöse Zweifelsfälle anschaulich dargestellt und entschieden werden.

b) Allegorie (allegoria)

Werden mehrere Metaphern zu einer einheitlichen Vorstellung verknüpft oder wird eine einzelne Metapher derart entfaltet, daß sich ein mehrgliedriges Bild, eine komplexe Gedankenfigur ergibt, so entsteht eine Allegorie. Auch sie gehört zu den bedeutendsten Mitteln rhetorischer Wirkung und vermag selbst differenzierte Gedanken oder Tatbestände einleuchtend zu machen. Gerade in Vorträgen oder Gesprächen wird man sie häufig finden, die nach einprägsamen und haltbaren Formen verlangen, weil der Fluß der Rede nicht angehalten werden kann und auch die Erinnerung sich oft einzig auf das Gedächtnis verlassen muß. Als Beispiel diene die allegorische Erläuterung des Verhältnisses von Fern- und Nahzielen für das menschliche Handeln, die Ernst Bloch in einem Vortrag formuliert hat:

„Und was nun die Utopie als Bewahrerin eines Fernziels, eines Überhaupt im Wohin und Wozu angeht, so ist das Fernziel selbstverständlich, wenn es nicht vermittelt ist – theoretisch durch Nahziele und praktisch durch Arbeit in des Teufels Wirtshaus unserer Umgebung – null und nichtig, ein bloßer Schmarrn in abstraktester Ferne, die nicht einmal abstrakt ist und nicht zu fassen ist. Aber wenn das Nahziel oder die Nahziele das Fernziel nicht in sich impliziert enthalten, so sind sie zwar nicht null und nichtig, aber nicht einmal Nahziele. Es gibt keine Stufen, es gibt keine Sprossen außerhalb und unabhängig von einer Leiter. Wenn eine Sprosse außerhalb ihrer Leiter ist, dann kann sie noch als Prügelstock verwendet werden, z. B. von der Polizei, was mit Sozialismus nicht viel zu tun hat. Dann ist es ein Stab zum Hauen. Nur wenn er in einer Leiter steckt, die nach oben geht und sozusagen ein Ziel hat, das erstiegen werden soll, ein Ziel, an das sie bereits angelehnt ist unter glücklichen Umständen, gibt es Sprossen und haben sie einen Sinn, sind sie zum Emporsteigen. Nur dann also gibt es Nahziele im fruchtbaren Sinn."[21]

Ein anderes Beispiel zeigt die vielfältige Brauchbarkeit bildhaft allegorischen Sprechens, das auch der unterhaltsam-witzigen Rede, ja noch der Satire zur Wirkung verhelfen kann.

„Gebildete Menschen haben eine Bibliothek. Sie haben Kasten und Schränke voll geistiger Nahrung. Schweres und Leichtes, Süßes und Saures, Hausbrot und Delikatessen. Der Gebildete ist in dieser Beziehung ein Vielfraß und hamstert, hamstert mehr als er verschlingen kann. Durch die literarische Küche aller Nationen und aller Zeiten schmatzt er sich durch; er würde an dem vielen Zeug ersticken, wäre nicht das Vergessen, dieser segensvolle Schlußeffekt aller Hirnperistaltik."[22]

c) Beispiel (exemplum)

Das Beispiel wird in der Rhetorik meist in dem Kapitel behandelt, das den Beweisen und Argumenten gilt, für Quintilian ist es ein der Rede zugefügter, veranschaulichender Beleg, „die Erwähnung eines zur Überzeugung von dem, worauf es dir ankommt, nützlichen, wirklichen oder angeblich wirklichen Vorganges."[23] Der Redner findet das Exempel vor, doch anders als die Indizien steht es nicht von vorneherein schon in einem Verhältnis zu der behandelten Sache, sondern dieses Verhältnis muß vom Redner oder Autor hergestellt werden, indem er das Beispiel auf den zur Entscheidung und Ausführung stehenden Fall bezieht. Doch hat das Beispiel nicht bloß Beweis- oder Belegfunktion. Indem es am einsichtigen, anschaulichen, möglicherweise allgemein bekannten Fall einen schwer zugänglichen, spröden oder abstrakten Sachverhalt erleuchtet, hat es auch schmückende, unterhaltende, also emotional bewegende Wirkung und gehört von dieser Seite unter die Figuren. Die Rhetorik unterscheidet folgende Typen von Beispielen:

1. Das Beispiel aus dem gegenwärtigen Leben, aus der unmittelbaren, verbürgten Zeitgeschichte. Seine Glaubwürdigkeit ist sehr groß, da es aus einer wahren Begebenheit stammt, die allgemein

bekannt ist oder nachgewiesen werden kann. Das gilt auch für den zweiten Typus:

2. Das Beispiel aus der Geschichte. Das historische Exempel wird wohl am meisten gebraucht, weil es nicht nur auf Wahrheit beruht, sondern darüber hinaus autoritätshaltig ist: Es ist auch das durch die Geschichte schon bewährte, durch vorbildliche historische Personen bekräftigte, in seinen Auswirkungen weitgehend überschaubare Geschehen, das die Überzeugungskraft der Tradition mitbringt.

3. Das poetische Exempel. Seine Glaubwürdigkeit ist geringer, weil ihm historische Wahrheit gar nicht oder nur in einem sehr vermittelten Sinne zukommt. Doch kann es eine existenzielle, religiöse oder allgemein geistige Wahrheit vermitteln und in vielen Bereichen der öffentlichen Rede wirksamer, ja glaubwürdiger sein als das empirisch stichhaltige Faktum. Freiligraths Gedicht „Hamlet" von 1844 (beginnend mit der berühmt gewordenen Zeile: „Deutschland ist Hamlet") mag für eine solche Verwendung des poetischen Exempels stehen. Der Schriftsteller erläutert am Beispiel des zaudernden Hamlet die politische Situation des vormärzlichen Deutschland. Neben denen Shakespeares sind in der Geschichte der deutschen Literatur und Rede auch immer wieder Dramenfiguren Schillers (Wallenstein oder Tell) und Goethes (Faust) beispielhaft zitiert worden. In der schon angeführten Rede verwendet auch Ernst Bloch ein solches poetisches Exempel aus der modernen Literatur:

> „Also am Ende Nihilismus und ein trotzdem nicht auszutilgendes Unbehagen an diesem drohenden Nihilismus, indem ja doch weiter gewartet wird. So heißt das Stück von Beckett Warten auf Godot; daß er nicht kommt, wird nur dadurch besonders wahrgenommen, weil man wartet. Dies Warten ist also nicht aus der Welt zu schaffen; und dies Warten ist ein Untersuchungsgegenstand von konkreter Utopie."[24]

Das Gedicht von Freiligrath zeigt noch eine weitere Eigenart des Exempelgebrauchs: Der Autor führt sein Beispiel zu einer umfassenden, bedeutsamen Allegorie aus. Das Beispiel tendiert immer zur Beispielfigur, insofern es seinem ursprünglichen Kontext entfremdet, in einen neuen Zusammenhang verkehrt wird, in dem es eine bildliche Funktion bekommt. Das gilt selbst für das historische oder zeitgenössische Beispiel, bei dem der Autor den Anschein erweckt, als würde er die ursprüngliche Bedeutung des Exempels unverfälscht um der Glaubwürdigkeit willen erhalten. In Wahrheit deutet er das von ihm herbeizitierte Geschehen, die von ihm genannte Person in seinem Sinne und seinen Intentionen gemäß. Das angeführte Beispiel wird beleuchtet, wie der Redner es braucht, so daß es für das Publikum zum Historiengemälde, zur Gedankenfigur oder selbst zur Allegorie wird.

Insofern das Beispiel am besonderen (ob vorgefundenen oder erfundenen) Fall das Allgemeine erläutert, wird es überall da sehr wichtig, wo das Wissensgefälle zwischen Autor und Publikum groß ist, so daß die nicht voraussetzbaren Kenntnisse an Beispielen erläutert werden müssen. Doch gehen auch hier didaktischer Zweck und Unterhaltungsfunktion Hand in Hand, denn das Beispiel wird seinen Zweck um so leichter erfüllen, je eingängiger, unterhaltsamer es gewählt, je genauer es auf den zu erläuternden Gegenstand zugeschnitten und je einprägsamer es erzählt wird. Es ist daher auch eines der Hauptmittel des Essayisten.

„Wahrlich, Normen aufstellen ist leicht. Aber der Frage, ob in den Städten sich noch irgend jemand um solche Normen kümmert, nicht ausweichen, das ist heute der zweite und schwerere Teil der Angelegenheit. Früher war, was den Forderungen des Katechismus nicht entsprach, schlecht. Heute, wo das Leben autonom wurde, wird lächerlich, wer Grundsätze aufstellt und meint, damit sei es getan. Es ist Fronleichnam, die große Stadt am Rhein kocht, als seien unter dem Pflaster die Röhren nicht mit Wasser und Gas, sondern mit Feuer gefüllt. Wenn die Priester die Fahnen in die Kirche zurückgebracht haben, schweben in den Lunaparken die Schaukeln in die Luft. Der junge Mann rattert auf dem Motorrad, das er auf Abzahlung kauft, die Uferstraße entlang, hintenauf sitzt seine Liebste oder nebendran wie eine Katze im Frühstückskorb. Oder er zieht sie in der Tram, zu Fuß, ins Grüne, wo sich alles andere finden wird."[25]

d) Personenevokation (fictio personae, prosopopoeia)

Quintilian definiert diese besonders wirksame Gedankenfigur folgendermaßen:

„Noch mehr Kühnheit und – mit Ciceros Worten – stärkere Lungenkraft verlangt die Erfindung von Personen, die sogenannte Prosopopoiie; denn aufs wunderbarste verleiht sie der Rede nicht nur Abwechslung, sondern zumal auch erregende Spannung. Durch sie bringen wir einmal die Gedanken unserer Gegner so zum Vorschein, als ob sie mit sich selbst sprächen – jedoch sollten sie so jedenfalls an Überzeugungskraft nichts einbüßen, wenn wir ihnen nur solche Worte in den Mund legen, von denen es nicht ungereimt erscheint, daß sie sie gedacht haben – und führen sodann in glaublicher Form auch Gespräche ein, die wir mit anderen und die anderen untereinander geführt haben; schließlich können wir so Ratschläge, Scheltworte, Klagen, Lob und Jammern geeigneten Personen in den Mund legen. Ja, sogar Götter vom Himmel herab- und aus der Unterwelt heraufzurufen ist bei dieser Ausdrucksform statthaft. Auch Städte und Völker erhalten Sprache."[26]

Die bildkräftige Vorstellung, Evokation von Personen (historischen, erdichteten oder durch Personifikation entstandenen) hat vor allem auch affektische Wirkung, insofern sie an die Einbildungskraft des Publikums appelliert und von suggestiver Kraft sein kann. Die sprechende oder handelnde Darstellung kann sich als Äußerung anwesender oder abwesender Personen abspielen, es können nichtwirkliche (Götter, Heroen) oder im Augenblick erfundene oder aus der Literatur entnommene Personen zitiert und vorgeführt werden – wichtig ist jedesmal, daß sie so lebhaft vor Augen gestellt werden, daß das Publikum ihnen, nicht dem Autor zu folgen scheint. Shakespeares „Hamlet" (mit dem Geist des Vaters) ist ein ebenso berühmtes Beispiel wie etwa die Beschwörung der Helena in Goethes „Faust II", doch ist auch unsere Alltagsrede durchsetzt von Personenevokationen (der Eltern und Großeltern zum Beispiel, abwesender Freunde oder Geliebter), und der Essayist bedient sich ihrer zur eindringlichen Veranschaulichung seiner Gedanken:

„Wir sehen ihn (Goethe) bei einem jeden Schritte voll Freude weilen, bei jeder neuen, von seiner Hand gepflanzten Blume, die ihr thauerfrischtes Antlitz dem jungen Tage entgegenhebt. Wir sehen ihn auf seinem Gange Erquickung saugen aus der allgemeinen Erquickung der Natur. Schon freut er sich im Steigen des Entzückens, das ihm von der Höhe herab der Blick auf Wald und Wiesen seines geliebten Thals in hellem Glanze der jungen Morgensonne gewähren soll."[27]

Die Personenevokation ist eines der wichtigsten Kunstmittel des historischen Romans und populärer Geschichtswerke, doch auch in politischer Rede und Prosa sowie in der Festrede erfreut sie sich großer Beliebtheit. Das historische Drama könnte man als Sonderform der fictio personae auffassen. Doch auch in anderen Gattungen, in denen es auf Lebendigkeit und Authentizitätssuggestion ankommt (wie zum Beispiel bei der Reportage oder dem Feature), empfiehlt sich eine derartige Personenvorstellung.

e) Vergrößerung, Steigerung, Ausfüllung (amplificatio) und Verkleinerung, Abschwächung (minutio)

Vergrößerung und Verkleinerung erfordern dieselben Mittel und Verfahren und werden daher in der Rhetorik auch zusammen abgehandelt. Geht es in dem einen Fall darum, eine Sache in ihrer ganzen Fülle darzustellen, in ihrer rechten Bedeutung nachdrücklich herauszustreichen, also gleichsam überdeutlich zu machen, so zielt die minutio auf das Gegenteil, nennt nur wenige, geringfügige Aspekte, vernachlässigt wichtige Details, hält sich besonders mit Randerscheinungen auf und verringert die Dimension eines Problems.

„Mein Prinzip beim Reden besteht aber gewöhnlich darin, auf die positiven Seiten eines Falles einzugehen, sie auszuschmücken und hervorzuheben, ausgiebig und gründlich bei ihnen zu verweilen, von den negativen und schwachen Seiten der Angelegenheit jedoch so abzurücken, daß ich sie zwar nicht ganz zu meiden scheine, daß sie jedoch durch die Ausschmückung und Hervorhebung des Positiven völlig in den Hintergrund treten."[28]

Eine solche Vergrößerung kann durch eine Folge sich überbietender Gedanken bis hin zu einer absoluten Spitze getrieben werden („Eine Untat ist es, einen römischen Bürger zu fesseln, ein Verbrechen, ihn zu schlagen, fast Verwandtenmord, ihn zu töten, wie aber soll ich es nennen, einen Bürger ans Kreuz zu schlagen?")[29] oder durch einen erhöhenden Vergleich sowie durch eine Häufung verschiedenster Attribute, Bezeichnungen oder Namen erreicht werden. Besonders wichtig sind hier die Detaillierung der Fülle und des Reichtums einer Sache, das Ausschöpfen aller bedeutsamen Konkretionen, aller für die eigene Wirkungsabsicht wichtigen Argumente und ihre scharfe Hervorhebung.

Die Amplifikation kann geradezu als das elementare Verfahren der Rhetorik aufgefaßt werden, in allen Redeteilen hat sie ihren Platz; ihre Verstärkungsfunktion gibt ihr für die einzelne Rede die Bedeutung, die diese Rede für das Ganze der Phänomene und Themen hat und auf die sie ausgerichtet ist. Sie ist innerhalb der Rede das vergrößernde Objektiv, das die Rede nach außen darstellt, indem sie die Sache ausleuchtet, die sie sich vorgesetzt hat und die ohne diese Verstärkung möglicherweise unbeachtet oder jedenfalls unwirksam bliebe.

Selbst jene Sonderform der Steigerung, welche die Rhetorik

congeries (Häufung) nennt und die aus einer Reihung gleich-
oder jedenfalls ähnlichbedeutender Worte und Sätze besteht
(„Baumeisterlich ist der ganze Roman gefügt und gegliedert, mu-
sikalisch ausgewogen jeder Satz, unübertrefflich gut die Akustik
des Gedankens in diesen so stark wie schön gefügten Sprach-
bau.")[30], hat über die schmückende, emotionale Wirksamkeit hinaus noch eine sachliche Aufgabe: Wie durch eine grelle Schein-
werfereinstellung im Bühnenraum rückt auch die Häufung den
gemeinten Gegenstand in den Mittelpunkt des Interesses, so daß
er aus seiner Unscheinbarkeit hervortritt und zu scheinen beginnt.
Ein weiteres Beispiel aus einer Rede von Ernst Bloch mag das illustrieren:

„Wir wissen, was wir jetzt und nachher wollen, wir wissen aber nicht und
keiner von uns weiß, was wir überhaupt wollen. Dieses zu finden, dieses
zu pointieren, zu instrumentieren, zu artikulieren, in Sprache zu bringen,
in Form, in Bild, in Gestalt und Praxis zu bringen, künstlerisch, philoso-
phisch, wissenschaftlich, moralisch ist unabdingbar unsere unabgegoltene
Aufgabe. Endlich unser Gesicht zu finden in dem großen Krust und Wust
der Verhinderungen, in denen wir leben, und ganz besonders dann, wenn
die, die dazu angetreten waren, so versagt haben in der Herstellung, wie
Marx sagt, der Bedingungen, in denen ein ‚Übergang vom Reich der Notwendigkeit zum Reich der Freiheit‘ möglich ist, in der Herstellung der Bedingungen, ‚in denen der Mensch endlich aufhört, ein unterdrücktes, ein
verachtetes, ein geschändetes, ein verlorenes Wesen zu sein.‘"[31]

Eine vor allem für die Geschichte des Romans von Schnabel bis
Wieland und Jean Paul bedeutsam gewordene amplifikatorische
Erweiterung der Rede ist der Exkurs, in der Rhetorik *digressio,
Abschweifung* genannt. Die Digression dient mannigfaltigen Zwek-
ken. Sie soll das Publikum für die eigenen Beweisgänge gewinnen,
Sympathie erregen, die eigene Person ins rechte Licht rücken helfen und besonders bei schwierigen Vertretbarkeitsgraden unter-
stützend wirken. Sie kann zur Affekterregung benutzt, aber auch
zur Belehrung eingesetzt werden; indem sie den Erzählfluß unter-
bricht, steigert sie die Spannung, kann aber ebenso distanzierend,
verfremdend wirksam werden und dem Publikum eine Freiheit gegenüber dem Dargestellten verschaffen. In dieser Funktion hat sie
auch im Drama ihren Platz, wie es etwa Friedrich Schiller in seiner Abhandlung „Über den Gebrauch des Chors in der Tragödie"
ausgeführt hat.

Wenige Schriftsteller haben die Kunst der Abschweifung auch

in so vielfältige Formen ausgebildet wie Jean Paul: Fußnote, Extrablatt, Blumenstück, Kalenderblatt, Ein- oder Beilage, Brief, Rede, Predigt, Klein- und Großformen, von der kurzen Leseranrede bis zum essayistischen Einschub. Doch geschieht dies im allgemeinen nicht zum spielerischen Selbstzweck, auch wenn sich Beispiele finden lassen, wo sich die Abschweifungskunst verselbständigt zu Bilder- und Metapherreihen, die fast ausschließlich den Zweck haben, die eigene Kunstfertigkeit zu demonstrieren. Immer will die artistische Leistung Bewunderung erregen und beim Publikum Gefallen finden; auch dahinter steckt zuletzt der rhetorische Überzeugungswille, der die Person des Redners oder Schriftstellers ins rechte Licht zu setzen weiß. Erringung von Sympathie, ja Liebe, Jean Paul hat es mehrfach selbst ausgesprochen, ist Hauptzweck seiner rhetorischen Selbstdarstellung.

„Selbstverständlich wendet er sich auch an die Verstandeskräfte; er entwirft sich nicht zuletzt als interessanten und kenntnisreichen, als tiefgründigen Menschen. Aber vor allem andern sucht er liebenswert zu erscheinen."[32]

Doch ist der abschweifende Erzähler immer auch der ironische Erzähler, der zu seinem Gegenstand eine doppeldeutige, spielerische Distanz hält: Laurence Sterne und Jean Paul sind die ebenbürtigen Meister dieser Kunstfertigkeit in der europäischen Literatur, und Thomas Mann hat es ihnen in unserem Jahrhundert gleichgetan.

f) Ironie (ironia)

Der Autor verstellt sich, zwischen seinem Wissen und seiner Rede wird eine Diskrepanz ahnbar oder gar sichtbar. Die Ironie ist eines der wichtigsten Mittel, die Glaubwürdigkeit einer Person oder einer Sache in Zweifel zu ziehen, sie stellt daher eine besonders wirksame Form kritischen Redens und Schreibens dar.

Die Rhetorik unterscheidet zwischen zwei Erscheinungsweisen der Ironie:

1. Der Autor simuliert Nichtwissen, indem er seine Kenntnisse verbirgt. Dadurch verführt er den Gesprächspartner oder Gegner dazu, sich durch seine eigenen Worte bloßzustellen.
2. Der Autor gibt vor, derselben Meinung wie sein Gesprächspartner zu sein, indem er zum Beispiel eine von ihm erzählte Bege-

benheit zustimmend aufnimmt und nun seinerseits derart über-
trieben nachdrücklich und deutlich darstellt, daß sie unglaub-
würdig wird. Die vorgebliche Meinungsübereinstimmung dient
also dazu, den Gegner mit dessen eigenen Waffen zu schlagen.
Zur Verwirklichung dieser ironischen Haltung bedarf es freilich nicht nur rhetorischer, sondern auch psychologischer
Kunstfertigkeit, da sie für den direkten Adressaten nicht, für
das Publikum allerdings als Verstellung kenntlich werden muß.
Ein schönes Beispiel stammt von Alfred Polgar:

„In ihrer ergiebigsten Form kommt Buchkritik zur Geltung, wenn der
Besprecher mit dem Besprochenen persönlich befreundet oder verfein-
det ist. Im ersten Fall wird der freundschaftlich erhellte Geist des Kritikers nicht umhin können, das Objekt vorteilhaftest zu belichten, die
ihm bekannten Werte des Verfassers an Stelle der fehlenden Werte des
Buches zu setzen. Im zweiten Fall, dem der Feindschaft, muß der Beur-
teiler die Säure, die notwendig ist, um auch die widerstandsfähigsten
Qualitäten eines Buchs zu zerstören, nicht erst aus dessen Lektüre zu
gewinnen, sondern er hat sie, hochprozentig, schon in sich; und wir bekommen, dank ihr, von dem, was das Buch nicht kann und nicht ist,
ein ungemein klares Bild, wie es der sogenannte objektive Kritiker niemals herzustellen vermöchte."[33]

f) Evidenz (evidentia)

Durch die besonders detaillierte, konkrete Einzelheiten bildkräf-
tig formulierende Darstellung wird der Leser oder Hörer zum Au-
genzeugen, er glaubt den beschriebenen Vorgang, die beschwore-
ne Person wirklich zu sehen. Die fictio personae kann als ein Mittel zur Herstellung augenscheinlicher Glaubwürdigkeit bemüht
werden, doch gibt es noch eine ganze Reihe von Möglichkeiten
zur Herstellung evidenter Wirkung.
Hervorzuheben sind:
1. Darstellung von Einzelheiten und hier besonders von sinnlichen
Details unter dem Gesichtspunkt einer einheitlichen Gesamt-
bildwirkung.

Die Reportage, darauf ausgerichtet, die Faktizität so krude
und unmittelbar wie möglich auf den Leser wirken zu lassen,
bietet ein besonders reiches Anschauungsfeld evidenter Schilderungen. Zwei Beispiele für viele von dem Meister der klassischen Reportage Egon Erwin Kisch:

„Als ich am Tatort ankam, lag Gefängnisaufseher Kautsky auf einer Bahre, er atmete noch (jedoch der herbeigerufene Arzt erkannte, daß keine Hilfe mehr möglich sei) (...). Aus den Fenstern der Wohnungen, in denen Christbäume brannten, schauten erschreckte Menschen. Der Neubau war von Hunderten Neugierigen umstellt – Kommissäre, Schutzleute und Polizeihunde suchten alle Gerüste ab, alle Aufzüge, alle Ziegel- und Bretterhaufen. (...)"[34]

Aus der Reportage über die Fließbandarbeit bei Ford in Detroit:

„Nicht eine Sekunde vom Arbeitslohn geht verloren, Tag und Nacht rollt das Band, an das Menschen geflochten sind. Ein Griff nach der Kette, Auflegen der Schraubenmutter, ein Griff nach der Kette, Einstecken der Schraube, ein Griff nach der Kette, zwei Hammerschläge, ein Griff nach der Kette, Ansetzen des autogenen Bohrers, Funken stieben, ein Griff nach der Kette, Befestigung der Bleilamelle, Paraffinpappe, eine Hülse, ein Bündel Kerzen, eine Kurbelwelle, und immer dazwischen ein Griff nach der Kette, Handbewegung und Ergebnis, Körperhaltung und Einsatz, Mensch und Maschine, immerfort gleich. Die Motoren, fertig, rattern an Probeständen."[35]

2. Vergegenwärtigung, bei der das Geschehen oder die Person aus der Vergangenheit oder von einem fernen Ort in die Gegenwart und an Ort und Stelle geholt werden („stellt euch vor, ihr seht...“; „hier vor mir könnte er liegen, blutbesudelt“; „eben tritt sie ins Zimmer...“);
3. wörtliche Rede, Dialog.

h) Sentenz (sententia)

Die Sentenz ist ein knapper, pointiert und einprägsam formulierter Sinnspruch, „eine Erklärung, jedoch nicht über das, was den Einzelnen betrifft..., sondern über etwas das Allgemeine betreffend"[36]. Es gibt Sentenzen, die der Autor vorfindet, geflügelte Worte, die den Zitatenschatz eines Volkes ausmachen. Sprichwörter und Redensarten, die oft aus Sentenzen hervorgegangen sind. Die allgemeine Kenntnis und Zustimmung, auf die solche Sentenzen rechnen können, machen sie beweistüchtig und sichern die Anerkennung des Publikums. Sie können in der überlieferten Form zitiert und damit leicht erkennbar sein oder aber umformuliert und im Redekontinuum versteckt auftreten, so daß sie unerkannt an die von ihnen vertretene Überzeugung appellieren.

Hinzu treten Sentenzen oder sentenzenhafte Prägungen, die der Autor selber formuliert: als Schlußfolgerung, um einen Gedanken zusammenzufassen, ihn gewissermaßen transportabel zu machen und seine Wirkung auch nach außerhalb und unabhängig vom Redekontext zu sichern. Dieser Gebrauch läßt sich etwa als Unsitte bei manchen Literaturkritikern beobachten, die bereits für die Verlagswerbung vorformulierte, zugespitzte Urteilssentenzen in ihre Rezensionen einfügen. Im Bereich der politischen Rede und Prosa zeigt sich die Wirksamkeit sentenziösen Sprechens besonders kraß. Propaganda und Werbung bedienen sich seiner zu manipulatorischen Zwecken; jeder Wahlkampf, jede Wahlrede liefert eine Fülle von Beispielen.

Wichtig für Gebrauch und Formulierung von Sentenzen ist, daß sie in einer stichhaltigen Inhaltsbeziehung zum Redekontext stehen, also wirklich das Allgemeine des Besonderen aussagen, das zuvor entfaltet wurde, und somit nicht allein dem Prunk, dem hemmungslosen Ausweis der Belesenheit dienen. Schief angebrachte oder sachlich überflüssige Sentenzen erreichen das Gegenteil der angestrebten Wirkung.

D) Einfache Formen des Sachberichts

Dem Sachbericht geht es um die reine Information, er gehört daher nur sehr bedingt in den Zuständigkeitsbereich der Rhetorik, da ihm dafür die wichtigsten Bestimmungsmerkmale fehlen. Er ist eine sachbezogene Mitteilungsform, die vom Parteiinteresse abstrahieren soll, auf wirkungsbezogene Argumentation weitgehend verzichtet, ästhetisch meist anspruchslos bleibt und in der Regel auch keine Gefühlsäußerungen provozieren will. Immerhin ist aber auch der Sachbericht situations- und adressatenbezogen, und die sprachliche Einkleidung eines Gegenstandes (von der Rhetorik als elocutio systematisiert) gehört zu seinen Aufgaben. Denn es macht einen wesentlichen Unterschied, ob ein Protokoll nur für die Akten bestimmt ist (also zum Beispiel auf vollständige Sätze, durchformulierte Sprache verzichten könnte) oder schriftlich mitgeteilt und gar verlesen wird (womit es auf die akustische Auffassungsweise hin geschrieben werden sollte). Ähnliches gilt für Referate und die politische und kulturelle Berichterstattung. Der Funk etwa verlangt eine andere Berichtform als die Zeitung; der Unwiederholbarkeit des Hörvorgangs muß die sprachliche Form entsprechen, die Sätze müssen als Sinneinheiten akustisch aufgenommen werden können, Fachtermini sind nur da am Platz, wo sie unbedingt zum Verständnis nötig erscheinen und sollten durch den Redekontext klar erläutert werden. Hinzu kommt, daß verschiedene Formen des Sachberichts im beruflichen und selbst im privaten Alltag häufig verlangt werden, sei es als offizielles oder persönliches Protokoll, als Lektürebericht, im Zusammenhang einer Korrespondenz oder eines Gutachtens. Seine wichtigsten Formen werden daher hier, wenn auch in aller gebotenen Kürze, mit einigen praktischen Hinweisen erläutert.

1. Das Protokoll

Das Protokoll soll den Inhalt und vielfach auch den Verlauf eines Vortrages, einer Diskussion, eines Gesprächs, aber möglicherweise auch eines Filmes oder einer Theateraufführung zuverlässig festhalten, so daß darauf aufbauend weitergearbeitet werden kann, Fehler und offene Fragen erkennbar werden und die aufge-

nommenen Informationen jederzeit abrufbar sind. Der schwierigste Gegenstand des Protokolls ist eine Diskussion, die relativ offen ist, also trotz eines vorherbestimmten Themas und eines be-
stellten Diskussionsleiters doch nicht bis ins einzelne (etwa durch
normierte Redezeit, Auswahl spezieller Redner für spezielle Probleme und straffe Diskussionsführung) geplant ist; eine solche
Diskussion, die in der Praxis häufig vorkommt (Seminar, Schule,
Konferenz), sei daher hier als Modellfall gewählt, nämlich die Seminarsitzung an Universitäten. Die Form des Protokolls richtet
sich nach seinem Hauptzweck.

a) Protokollnotiz

Nach kurzen Gesprächen mit Mitarbeitern, Vorgesetzten, Ge-
schäftspartnern, auch nach Telefonaten, die beruflich oder aus einem anderen Grund bedeutsame Belange betreffen, empfiehlt sich
eine kurze, auch stichwortartige Aufzeichnung des Gesprächsin-
halts, die aber immerhin so ausführlich sein muß, daß sie nach einem längeren Zeitabstand vom Autor oder anderen dafür in Frage
kommenden Adressaten noch verstanden werden kann. Natürlich
sollte man solche Notizen nicht warten lassen, sondern möglichst
unmittelbar nach dem Gespräch niederschreiben, um alles Wichtige auch zuverlässig festhalten zu können. Die Protokollnotiz ist
ein Grenzfall des Gedächtnisprotokolls, das nun aber anderen
Umfang annehmen und weiteren Aufgaben dienen kann.

b) Gedächtnisprotokoll

Eine meist zu privaten Zwecken ohne Mitschriften oder Ge-
sprächsnotizen verfertigte Gedächtnishilfe, die immer dann notwendig ist, wenn sich wegen äußerer Bedingungen keine Mitschrift anfertigen läßt oder die Notwendigkeit des Protokolls erst
nachträglich erkennbar wird. Gilt schon für jedes andere Protokoll, daß es möglichst kurzfristig nach dem zu protokollierenden
Ereignis geschrieben werden sollte, weil dann die Erinnerung
(entsprechend unserem Kurzzeitgedächtnis) noch frisch ist, so ist
diese Forderung natürlich für das Gedächtnisprotokoll noch
dringlicher. Erinnerungshilfen sind dabei besonders wichtig, also
etwa verwendetes Diskussionsmaterial, Namen, Buchtitel, extrem
kontroverse Ansichten.

c) Verlaufsprotokoll

Das Verlaufsprotokoll soll die Entwicklung und den Stand einer Diskussion festhalten, wird daher im allgemeinen der Chronologie der Argumentation folgen. Da nun freilich die meisten Diskussionen dieses Typus nicht geradlinig verlaufen, Abschweifungen, abgebrochene Argumentationszüge, bloße Andeutungen oder nicht vollständig ausgeführte Gedankengänge die Regel sind, muß der Protokollant die Beiträge ordnen, ergänzen, in einen sinnvollen Zusammenhang bringen, der zwar virtuell da war, aber nicht verwirklicht worden ist. Dazu gehört auch, daß die Proportionen, die sich in den meisten Diskussionen verzerren, wiederhergestellt werden, also wichtige Argumente, die zu kurz kamen, unwichtige, die zu breiten Raum einnahmen, jeweils an den ihnen angemessenen Platz gebracht werden.

Das Protokoll hat auch die Aufgabe, Informationen zu ergänzen oder zu verbessern, die in der Argumentation fragmentarisch oder fehlerhaft wiedergegeben wurden: also etwa Autorennamen, biographische Daten und Details, Titel und Jahresangaben von Büchern, Verifizierung und Herkunft von Zitaten, Quellentexten und bildlichen Diskussionsmaterials.

„Vom Anspruch nach ist das Protokoll daher mit einem Referat gleichzusetzen, wobei das Material, über das referiert wird, die Seminarsitzung selbst ist. Nun hält der eine für bedeutsam, was den anderen langweilt: Es ist selbstverständlich, daß sich die Protokolle gemäß der Individualität ihrer Protokollanten unterscheiden. Es ist deswegen nützlich, wenn eine Seminarsitzung von mehr als einem Protokollanten beschrieben und zusammengefaßt wird. Protokolle sind deswegen für uns von so großer Bedeutung, weil sie die einzige Form sind, in der eine Kontrolle über den Stand unserer Arbeit und damit auch deren Kritik möglich ist.

Im privaten und gesellschaftlichen Leben gibt es die verschiedensten Formen, sich die Ergebnisse sprachlicher Interaktion festzuhalten: Merkzettel, Stichwortlisten, Interviews etc. Das Protokoll einer Seminarsitzung stellt Zusammenhänge her, gibt Beurteilungen wieder, hält kontroverse Positionen fest. Die Komplexität dieser Arbeit läßt sich aber nur angemessen darstellen, wenn auch eine Sprache vorhanden ist, die solche Zusammenhänge überhaupt ausdrücken kann. Deswegen kommt es darauf an, möglichst genau und ausführlich zu formulieren: Das Denken in Spiegelstrichen ist ein Schritt in Richtung auf diejenige geistige Verarmung, der Widerstand zu leisten eine Aufgabe des geisteswissenschaftlichen Studiums ist."[1]

Über die sachliche Mitteilung hinaus hat das Protokoll aber noch die Aufgabe, in einer bestimmten Situation von einem bestimmten Publikum aufgenommen und richtig verstanden zu werden. Der Protokollant wird Sprachform und Abstraktionsgrad danach ausrichten, selbst wenn er mit seinem Fachwissen und seiner sprachlichen Kompetenz dem Adressatenkreis weit überlegen ist. Vor allem die Wiedergabe oder Hinzufügung von Beispielen ist für das Verlaufsprotokoll ein wichtiges Mittel der Darstellung. Doch so detailliert man auch bei der Sachwiedergabe vorgehen mag, die Namen der Diskussionsteilnehmer werden im Normalfall nicht genannt. Von selber versteht es sich, daß jedes Protokoll die Regeln sprachlicher Richtigkeit einhält und Abkürzungen jeder Art vermeidet.

d) Ergebnisprotokoll

Dieser Typus unterscheidet sich vom Verlaufsprotokoll durch die Konzentration auf die wichtigsten Diskussionsergebnisse, die systematisch und konzise zusammengefaßt werden. Das Ergebnisprotokoll gibt wirklich nur die Quintessenz seines Gegenstandes wieder, doch natürlich auf der Basis einer ausführlichen Mitschrift, einer Tonbandaufzeichnung oder eines Stenogramms. Denn die im Ergebnisprotokoll aufzubewahrenden Kernaussagen oder wesentlichen Einsichten und Gesprächspartien stellen sich als solche meist erst dem resümierenden Rückblick zweifelsfrei dar. Eine etwas ausführlichere Wiedergabe ist auch hier im Zweifelsfalle besser als eine fragwürdige Verkürzung, sie erfolgt in sprachlich schmuckloser und klarer Aussageform. Literaturangaben, offen gebliebene Fragen oder Berichtigungen werden nur wiedergegeben, wenn sie unmittelbar zum Ergebnis gehören. Die Verknappung kann soweit gehen, daß unter Umständen – wie im folgenden Beispiel – nur noch ein einziger Satz das Ergebnis zusammenfaßt:

„Nach halbstündiger Diskussion wurde einstimmig der Beschluß gefaßt, die Sitzung um eine Woche zu vertagen."

2. Das Referat

Die üblichen Einführungen in das geisteswissenschaftliche Studium haben sich dieser Form des wissenschaftlichen Arbeitens besonders ausführlich angenommen, so daß wir uns an dieser Stelle auf einige gerade rhetorisch wichtige Hinweise beschränken können. Äußere Gestalt (wie Seitenzählung, Titelblatt, Inhaltsverzeichnis), Zitierweise, Fußnoten, Literaturangaben und was dergleichen Anforderungen mehr sind, kann man, mit zahlreichen Beispielen illustriert, diesen Lehrbüchern entnehmen. Doch werden von ihren Verfassern oft einige wichtige Punkte übersehen.

Ein Referat, das nicht nur als Seminararbeit oder Aufsatz in schriftlicher Form vorbereitet, sondern auch mündlich gehalten wird, muß sich in seiner Darstellung danach richten. Es wird ausführlicher sein, narrativer, in der Darstellung des Sachverhalts ausgereifter als die reine Schriftform es erfordert; Beispiele, Gleichnisse, Bilder spielen eine große Rolle, in Abständen werden eingeschaltete Zusammenfassungen das Verständnis der Hörer erleichtern, auch die Gliederung sollte immer wieder mitangegeben werden („Hiermit komme ich zum zweiten Gedankengang...") und insgesamt die Sprache mehr der direkten Form der mündlichen Rede angenähert werden (also keine Scheu vor der direkten Anrede der Adressaten oder vor dem Gebrauch des Personalpronomens „Ich"). Hinzu kommt, daß ein langes Referat an die Aufmerksamkeit der Hörer mitunter hohe Anforderungen stellt. Folgende rhetorische Mittel können dem Referenten dazu dienen, das Publikumsinteresse in seinem Sinne zu lenken:

a) Versprechen der Kürze, der Straffung der Rede, der Konzentration auf das Wesentliche;

b) Überzeugung der Hörer, daß das Referat ihre eigenen Belange und Interessen behandelt;

c) „Vorschau", d. h. kurze Charakterisierung der im Referat behandelten Hauptsache;

d) Selbstbescheidung des Referenten, Anerkennung eigener Unzulänglichkeit und Hilfsbedürftigkeit, Appell an die Unterstützung durch die Zuhörer;

e) Wechsel der Darstellungs- und Stilformen, der narrativen und argumentierenden Teile, unterhaltsame Abschweifungen, witzige Anekdoten oder polemische Formen der Auseinandersetzung.

In welchem Ausmaß diese Mittel angewendet werden, richtet sich nach dem angestrebten Wirkungszweck, den Adressaten, aber auch nach der Situation, ob etwa das Referat spät am Abend oder am Vormittag vorgetragen wird, ob die Zuschauer eine homogene, gleichunterrichtete Gruppe bilden, ob das Thema von sich aus auf Interesse stoßen wird oder eher auf Gleichgültigkeit. Alle diese Faktoren tragen zum Gelingen eines Referates bei und sind darüber hinaus auch nicht überflüssig, wenn die Behandlung des Themas nur in schriftlicher Form geschieht. Denn hier gilt es ebenso, die Adressaten zu gewinnen, zu überzeugen, zur eigenen Ansicht zu bewegen und die Aufmerksamkeit des Publikums zu erringen. Ferner werden es gerade auch Seminarleiter an Schulen und Universitäten wohl zumeist dankbar vermerken, wenn ein Gegenstand nicht nur sachangemessen, sondern auch sprachlich wirksam dargestellt wird. Im übrigen ist das Referat ein Modellfall für die Techniken der inventorischen Forschung, der wirkungsintentionalen Anordnung und der sprachlichen Ausführung eines Themas.

Für manche Themen kann die Einführung eines Koreferats nicht nur nützlich in Hinsicht auf die Stoffauswertung sein, sondern weil die Perspektive zweier verschiedener, womöglich methodisch differierender Autoren auch die Darbietung selber lebendiger macht und eine Diskussion sich leichter anschließt als nach einem einzelnen, in sich abgerundeten Vortrag.

Noch immer wirkt die akademische Sphäre so einschüchternd, daß Referate, Vorlesungen und wissenschaftliche Fachvorträge mit dem alleinigen Zweck der Belehrung und ohne jede rhetorische Wirkungsabsicht gehalten werden. Ihnen zuzuhören ist eine Qual, und sie zeigen nur, daß ihr Autor die falsche Vortragsform für seine wissenschaftliche Thesen oder Untersuchungsergebnisse gewählt und die oberste Regel des angemessenen Sprechens verfehlt hat: Er hätte sich lieber der schriftlichen Form bedienen sollen. Für den üblichen Betrieb an unseren Hochschulen gilt ohne Einschränkung noch Adam Müllers Kritik am deutschen Gelehrten, der „ein Gebäude von Chiffren (baut), sinnreich aber einsam, unerwärmend, unerfreulich, ohne Antwort oder Erwiderung von irgendeiner Seite her... Wir finden es auffallend, wenn in einer gewöhnlichen Gesellschaft jemand laut mit sich selbst redet: hier hätten wir viele tausend Redner, die sich öffentlich vor ganz Deutschland sprechend, und weitläufig sprechend, hinstellen –

ohne irgend jemand anzureden."[2] Die größten und besten akademischen Lehrer haben gewußt, „daß die Fähigkeit, ihn auszusprechen, den Gedanken erst zum Gedanken macht"[3]. Wolfgang Schadewaldt, fast immer mit der bloßen Unterstützung eines Stichwortzettels, freisprechend, hat seine Vorlesungen richtiggehend komponiert, Scherz und Ernst, Kommentar und gelehrtunterhaltende Abschweifung in kalkuliertem Wechsel eingesetzt, sein Merkzettel sah aus wie die Partitur eines Stücks moderner Musik, eine bunte Sprachzeichenfolge, in der jeder Ton seine Farbe besaß. Ernst Bloch, der wortgewaltigste Philosoph der deutschen Literatur in diesem Jahrhundert, hielt es kaum anders; seine Rede, durchsetzt mit Bildern und Gleichnissen, Anspielungen und Sentenzen, Witz und Polemik, benutzte immer die ganze Breite der Stilarten: von nüchterner Vortragsweise bis zu mitreißenden Pathos, Anekdoten, Fabeln und Geschichten garnierten den Gedanken nicht, sondern erläuterten ihn, klärten ihn auf, gehörten wesentlich zur Sache selber. Der wissenschaftliche Ernst, der keinen Spaß verträgt, ist oft die akademische Gestalt geistiger Dürre.

3. Der Kurzbericht

Während das Referat häufig eine kritische, auch parteiliche oder personenbezogene Auseinandersetzung mit dem Thema verlangt, also auf Reflexion, weiterführende Argumentationen, selbst auf Emotionen und Appelle nicht verzichten kann und darf, beschränkt sich der Kurzbericht im wesentlichen auf die Wiedergabe von Tatsachen und Beobachtungen, wobei der Beobachter sich in bewußter Distanz hält und seine subjektive Sicht zu objektivieren sucht (ohne natürlich jemals ganz seine subjektive Befangenheit zu verlieren). Der Kurzbericht ist daher dem Protokoll verwandt, mehr dem Ergebnis- als dem Verlaufsprotokoll, doch verlangt seine Wirkungsintention (etwa als Sport-, Reise- oder politischer Bericht) eine stärkere Berücksichtigung rhetorischer Formen.

Zuallererst ist der Kurzbericht auch eine Erzählform. Er wendet sich zumeist an ein unterschiedlich unterrichtetes Publikum (einer Tageszeitung, eines Radiosenders), das mehr (z. B. beim Sportbericht) oder weniger (z. B. beim politischen Bericht) homogen zusammengesetzt ist. Die beiden wichtigsten Maßstäbe sind Kürze und Klarheit.

Das heißt: Beschränkung auf das Wesentliche, doch in der Form seiner Abfolge (möglichst Vernachlässigung der Vorgeschichte, schnelles Vordringen zur Hauptsache), nicht in der Schilderung des Gegenstandes, die anschaulich und glaubhaft sein sollte. Zwar sind beim Kurzbericht Beispiele, Gleichnisse, Abschweifungen und sämtliche Formen der amplificatio verpönt, doch treffende sprachliche Bilder, kurze Zitate, anderes Belegmaterial (etwa die Einspielung von Originalton im Funkbericht), sentenzenhafte Prägungen, selbst witzige Formulierungen durchaus angebracht. Welche Form man nun wählt, ob den mehr sachlich-informativen oder den eher sachlich-unterhaltsamen Bericht, hängt sowohl vom Gegenstand und den Erwartungen, die an ihn geknüpft werden (Krankenbericht, Wetterbericht), als auch vom Publikum ab. Ein Sportbericht hat andere Leser als ein Bericht über eine Wahlveranstaltung oder über einen Verkehrsunfall, und eine Massenzeitung spekuliert auf ein anderes Interesse als die Wissenschaftsredakteure einer Wochenzeitung. Schließlich wird auch, um ein letztes Beispiel zu geben, der Reisebericht, den man brieflich einem Freund übermittelt, anders aussehen als ein thematisch gleichgelagerter Bericht für eine Zeitung, denn je persönlicher die Beziehung zum Adressaten ist, desto aufgelockerter (und damit ebenfalls persönlicher) wird der Bericht gestaltet, dem dann Anrede, Appelle, Gefühlsäußerungen eine besondere und individuelle Färbung geben. Diese Art von Bericht kann so übergehen in Feuilleton und Reportage.

Die Beziehung des Autors zu seinen Adressaten spielt hier auch deshalb eine so große Rolle, weil der Berichterstatter es um so leichter hat, je mehr Vorwissen oder Vorausverständnis für den Rahmen seines Berichts er bei seinem Publikum annehmen darf. Ein Fußballbericht oder der Fahrtbericht eines Autotesters wird sich um so mehr auf das Wesentliche konzentrieren, diesem um so mehr Platz einräumen können, je weniger sein Autor auf die Erläuterung von Spielregeln oder technischen Zusammenhängen wertzulegen braucht, weil sein Publikum im Durchschnitt darüber längst informiert ist. Solche Erklärungen würden dann sogar nicht nur überflüssig, sondern auch schwerfällig oder umständlich aussehen, womit die Wirkung des Berichts in Frage stünde. Je genauer der Berichterstatter also über die Zusammensetzung und die Voraussetzungen seines Publikums informiert ist, desto besser und unterhaltsamer kann er es seinerseits unterrichten.

Zu diesem Zusammenhang gehört auch der Briefbericht, der eine alte rhetorische Domäne darstellt: Jahrhundertelang haben die „Briefsteller", also die Anleitungs- und Musterbücher der brieflichen Kommunikation die rhetorische Überlieferung auch im Privatleben garantiert. Je formloser mit dem Verfall gesellschaftlicher Konventionen auch die briefliche Kommunikation wurde, um so mehr geriet damit die Rhetorik des Briefschreibens in Vergessenheit: Wenn die Annahme und Beachtung eines Schreibens bei öffentlichen und privaten Adressaten nicht mehr von der angemessenen Form der Anrede, der richtigen und gewandten Schreibweise, der gedanklichen und sprachlichen Überzeugungskraft abhängen, so wird eine eigene Theorie und Technik dafür überflüssig.

„So viel ist gewiß", betonte noch unangefochten Gellert, „daß wir in einem Briefe mit einem andern reden, und daß dasjenige, was ich einem auf ein Blatt schreibe, nichts anderes ist, als was ich ihm mündlich sagen würde, wenn ich könnte oder wollte."[4]

Der Briefbericht wird auch heute wenigstens dieser Tatsache Rechnung tragen, will er überzeugend und glaubwürdig wirken: Der Absender redet mit einem konkreten, ihm mehr oder weniger vertrauten Adressaten; nicht der Monolog, der Dialog ist sein Paradigma. Daher ist er ein bevorzugtes Anwendungsgebiet sämtlicher Redeformen und Redetechniken, die sich nach dem Gegenstand (Ferienbericht oder Liebesbrief, Behördenschreiben oder Informationsmitteilung), dem Adressaten und dem Wirkungszweck richten (ob man den monatlichen Studienwechsel aufbessern, dem Doktorvater die Fortschritte bei der Dissertation erläutern, einen Geschäftspartner unterrichten oder die Geliebte auf einen ausschweifenden Abend vorbereiten will).

Übungsaufgaben

1. Stellen Sie den Aufbau (die Disposition) des folgenden Kriminalberichts dar:

„Der D-Zug Berlin–Köln, der Berlin um ½ 11 Uhr abends vom Schlesischen Bahnhof verließ, entgleiste in der Nacht vom 19. August 1926 zwischen Isenbüttel und Lehrte. Zwölf Personen wurden getötet, viele schwer verletzt. – Es handelt sich, wie zweifelsfrei festgestellt werden

konnte, um ein Attentat auf den Zug. Laschen und Verbindungsstücke
der Schienenbefestigung am Abhang des Bahndamms waren herausge-
schraubt. Das Handwerkszeug, mit dem das Verbrechen verübt worden war, lag neben der Attentatsstelle. – Als Täter wurden der 21jähri-
ge Musiker Otto Schlesinger und der 22 Jahre alte Willy Weber ermittelt. Das Schwurgericht verurteilte beide wegen Transportgefährdung
mit Todeserfolg in Tateinheit mit vollendetem Morde zum Tode."[5]

2. Lesen Sie Friedrich Schillers, der historischen Realität nacher-
   zählte Geschichte vom „Verbrecher aus verlorener Ehre", und
   extrahieren Sie daraus einen Bericht von etwa 30 maschinenge-
   schriebenen Zeilen, der sich wenden soll:
   a) an das Publikum einer Boulevardzeitung;
   b) an die Teilnehmer eines Seminars zur gemeinsamen Verstän-
      digung über den Inhalt der Erzählung;
   c) an einen guten Freund als Leseempfehlung.

E) Formen der gesprochenen Rede am Beispiel der Festrede und des Radiofeatures

1. Allgemeine Hinweise zum Vortrag

Der Vortrag der Rede (pronuntiatio) mit allen stimmlichen Mitteln des Redners, durch gute, verständliche Aussprache, sinngemäße Intonation und dynamische Betonung, auch durch Variation der Tonhöhen und der Redeschnelligkeit, die Aufführung der Rede (actio) durch Mimik, Gesten, sogar durch Handlungen und eine bestimmte Gestaltung des Interieurs, das sind die beiden letzten Theoriefelder der Rhetorik; mit ihnen, mit der Verwirklichung der Rede, sind ihre Bearbeitungsstadien abgeschlossen: Ihre Bedeutung kann nicht hoch genug eingeschätzt werden. Denn erst die Aktualisierung entscheidet ja darüber, ob der Redezweck erreicht wurde.

„Der Vortrag ... hat in der Redekunst allein entscheidende Bedeutung. Denn ohne ihn gilt auch der größte Redner nichts, ein mittelmäßiger, der ihn beherrscht, kann aber oft die größten Meister übertreffen. Ihm soll Demosthenes, als man ihn fragte, was beim Redner die Hauptsache sei, den ersten Rang, den Zweiten und den dritten zugebilligt haben."[1]

Dem Redner stehen prinzipiell drei Überzeugungsmittel zur Verfügung: die Sache, die er vertritt, die Emotionen, die er zu erregen versteht, und schließlich seine eigene Person, deren Glaubwürdigkeit, sein Ethos. Wenn es ihm nicht gelingt, im Auftreten, in der Art des Vortrags, in seiner ganzen äußeren Erscheinung seine Glaubwürdigkeit zu erweisen, steht die Wirkung seiner Rede in Frage, es wird ihm auch nicht einmal gelingen, im Zuhörer eine emotionale Bereitwilligkeit, gar Zuneigung zu wecken.

„Der Vortrag ist ja gleichsam die Sprache unseres Körpers, und um so mehr muß er dem Geist entsprechen."[2]

Diese körperliche Beredsamkeit dient also – gemäß dem vir-bonus-Ideal der Rhetorik, das gut reden, gut sein und gut erscheinen vereinigt – nicht dazu, den Zuhörer zu täuschen, sondern soll den Geist, die Gesinnung, den Charakter des Redners zur Geltung bringen, damit er seine Wirkung nicht verfehlt. Gut zu sein allein genügt nicht, es muß auch erkennbar sein, daß man gut ist. Die

Wirkung der kunstvollsten Rede verpufft, wenn das Publikum einen *Catilina* sieht, wo es einen *Cicero* zu sehen hätte. Die Frage, ob sich der vir bonus auch heucheln läßt, ob es möglich ist, mit denselben Mitteln, mit denen sich ein wahrer Orator zur Geltung bringt, einen unwahrhaftigen erscheinen zu lassen, diese zentrale Frage wird im allgemeinen ablehnend beantwortet – von *Cicero* mit der scharfen Unterscheidung von Redner und Schauspieler. Gemäß der natura-ars-Doktrin kann Kunst immer nur das Vorhandene wirkungskräftig in Szene setzen. Wie die Wirkung einer Rede hinfällig wird, wenn man die Kunstgriffe durchschaut, mit der eine Sache unangemessen, nicht der ihr immanenten Ordnung und Logik gemäß nach außen vertreten wird, so entlarvt sich auch der Redner selbst als Heuchler, wenn die Erkenntnis seiner Tricks die Diskrepanz zwischen Sein und Schein offenbart. Rhetorik ist ihrem Selbstverständnis nach ohne ethische Grundlegung nicht denkbar und beklagt „die Trennung der Zunge und des Herzens, die … schädlich und tadelnswert ist und bewirkt hat, daß andere uns die Weisheit, andere das Reden lehrten".[3] Die Usurpation von Moral zu unmoralischen Zwecken, die Aneignung ihrer Autorität zur Beglaubigung eines durchaus fragwürdigen Standpunktes ist dadurch noch nicht verhindert – immerhin aber, und darin liegt die kritisch-aufklärerische Potenz der Rhetorik begründet, bedeutet die Kenntnis der rhetorischen Darstellungsmittel, der sprachlichen oder charakterlichen, ein Distanzierungsvermögen, das erst die Erkenntnis der Diskrepanz zwischen Sein und Scheinen, sofern eine solche vorliegt, ermöglicht. Wie hilflos der „natürliche Mensch" der geübten Selbstdarstellung ausgeliefert ist, zeigt täglich die Manipulation durch Werbung und politische Propaganda.

Oberster Maßstab für die körperliche Beredsamkeit ist das äußere aptum, die Angemessenheit an die äußeren Umstände der Rede, denn der Redner, der eine Trauerrede hält, wird sich anders geben, anders erscheinen müssen als der Fest- oder Kongreßredner. Das beginnt mit den Gemütsbewegungen, die er zeigt und dadurch auch erregen will.

„Denn jede Regung des Gemüts hat von Natur ihren charakteristischen Ausdruck in Miene, Tonfall und Gebärde. Der ganze Körper eines Menschen, sein gesamtes Mienenspiel und sämtliche Register seiner Stimme klingen wie die Saiten eines Instruments, so wie sie jeweils die betreffende Gemütsbewegung anschlägt."[4]

Mimik, Gestik, Körperaktionen sind weitere Mittel, mit denen der Redner sich und seine Sache in besserem oder schlechterem Licht erscheinen lassen kann.

„Alle diese Regungen muß aber die entsprechende Gebärdensprache unterstreichen; sie soll die Worte nicht wie auf der Bühne pantomimisch wiedergeben, sondern den gesamten Inhalt und Gedanken andeutend, nicht darstellend, mit energischer, männlicher Körperhaltung zum Ausdruck bringen, nicht nach Bühnen- oder Schauspielerart, sondern im Stil der Waffenübung oder auch des Ringkampfs. Das Spiel der Hände ist jedoch weniger ausdrucksvoll, die Finger unterstreichen nur die Worte, statt sie auszudrücken. Den Arm streckt man wie eine Waffe der Rede weiter aus. Der Fuß stampft bei energischer Betonung am Anfang oder Ende auf. Doch vom Gesicht hängt alles ab. In ihm selbst herrschen aber ganz die Augen vor... Der ganze Vortrag ist ja ein Ausdruck des Geistes und sein Abbild das Gesicht, die Augen seine Zeichen. Denn als einziger Teil des Körpers ist das Gesicht imstande, so viele Varianten des Ausdrucks hervorzubringen, wie es Regungen des Gemüts gibt; doch es gibt niemand, der dasselbe fertigbringt, wenn er die Augen schließt... Der sprechende Ausdruck der Augen ist deshalb wesentlich."[5]

In diesen Zusammenhang gehört auch die Kleidung des Redners, die seinen eigenen Verhältnissen, seinem Lebensstil, dem Redeanlaß angemessen sein muß und im wesentlichen von den gesellschaftlichen Übereinkünften abhängt, auf die ja insgesamt das äußere aptum zielt. „Der gepflegte Anzug hat beim Redner keine Besonderheiten, aber er fällt beim Redner mehr ins Auge", bemerkt Quintilian lapidar und handelt dann ausführlich über den Sitz der Toga, Faltenwurf und seine Funktion zur Unterstreichung der Gebärdensprache („Ist es deshalb schon fast so, als rasten wir von Sinnen, wenn wir die Linke in die Toga wickeln und diese um uns schlingen, den Bausch von unten auf die rechte Schulter zu schleudern...")[6]. Durch die heute herrschende Konvention der Nüchternheit und Unauffälligkeit sind derartige Mittel gesellschaftlich begrenzt, doch vermag ein guter Redner etwa in der Art, wie er die Brille (auf- und absetzend, in den Händen haltend, weglegend) instrumentalisiert, oder mit seiner Anzugjakke während des Redens umgeht, immerhin noch die ein oder andere affektische Wirkung zu erreichen.

Nur nebenbei sei hier noch bemerkt, daß auch dieser Teil der Rhetorik für die europäische Kulturgeschichte ungemein wichtig geworden ist: in der Schauspielertheorie, Chrakterologie und

Physiognomik, vor allem aber in den gesellschaftlichen Umgangs-
formen, ob es sich nun um die der höfischen oder die der bürgerlichen Gesellschaft und Geselligkeit handelte. Der historische Weg
ist dabei so, daß die rhetorische Tradition über das höfische Bil-
dungsideal[7] mit der bürgerlichen Kultur vermittelt wurde. Über
die Absicht seines grundlegenden und so wirkungsmächtigen Buches „Über den Umgang mit Menschen" schrieb Adolph Freiherr
von Knigge:

„Ich habe aber in diesem Werke nicht die Kunst lehren wollen, die Menschen zu seinen Endzwecken zu mißbrauchen, über alle nach Gefallen zu
herrschen, jeden nach Belieben für unsre eigennützigen Absichten in Be-
wegung zu setzen. Ich verachte den Satz, daß man aus den Menschen machen könne, was man wolle, wenn man sie bei ihren schwachen Seiten zu
fassen verstünde. Nur ein Schurke kann das und will das, weil nur ihm die
Mittel zu seinem Zwecke zu gelangen, gleichgültig sind; der ehrliche
Mann kann nicht aus allen Menschen alles machen und will das auch
nicht; und der Mann von festen Grundsätzen läßt auch nicht alles aus sich
machen. Aber das wünscht und das kann jeder Rechtschaffene und Weise
bewirken, daß wenigstens die Bessern ihm Gerechtigkeit widerfahren lassen; daß niemand ihn verachte; daß er Frieden von außen her habe; daß
man ihn in Ruhe lasse; daß er Genuß aus dem Umgange mit allen Klassen
von Menschen schöpfe; daß andre ihn nicht mißbrauchen oder bei der
Nase herumführen. Und wenn er ausdauert, immer konsequent, edel, vor-
sichtig und grade handelt, so kann er sich allgemeine Achtung erzwingen,
kann auch, wenn er die Menschen studiert hat und sich durch keine
Schwierigkeit abschrecken läßt, fast jede gute Sache am Ende durchsetzen. Und hierzu die Mittel zu erleichtern und Vorschriften zu geben, die
dahin einschlagen – das ist der Zweck dieses Buchs."[8]

Die körperliche Beredsamkeit kann auch heute über die Glaubwürdigkeit eines Sprechers entscheiden; ein politischer Slogan
wie: „Würden Sie von diesem Manne einen Gebrauchtwagen kau-
fen?" greift in der Regel den politischen Gegner an, indem sein
Auftreten kritisiert wird. Unser Alltagsleben wird in allen Bereichen durch die nichtsprachliche, körperliche Beredsamkeit zumindest mitbestimmt, ganz bewußt eingesetzt wird sie in der sogenannten Verkaufsrhetorik, der wir begegnen, sobald wir ein Geschäft, eine Firma betreten.

„Haben wir alle nicht schon einmal erfahren, daß ein Verkäufer mit gro-
ßem Fachwissen und vielen wertvollen Ideen, aber mit schwacher mündli-
cher Ausdrucksfähigkeit sich gegenüber einem anderen mit geringen

Fachkenntnissen, jedoch um so größerer Zungenfertigkeit nicht durchsetzen konnte? Daß also der sachlich Bessere dem formal Gewandteren unterliegen mußte?"[9]

Zu dieser Gewandtheit gehört natürlich auch das Auftreten, die Glaubwürdigkeit der Person, die sich aus vielen nichtsprachlichen Faktoren zusammensetzt. Wobei auch hier der Publikumsbezug entscheidend ist: Das Auftreten eines Verkäufers in einem alternativen Körnerladen, die hier erforderte nachlässig-unförmige Körperverhüllung, die kumpelhaft-maulige Anrede des Kunden, die rohe Präsentation der Ware wären im exklusiven Damensalon nebenan nur bei Strafe des baldigen geschäftlichen Bankrotts möglich.

Die Folgerungen aus diesen Erfahrungen für den heutigen Redner ergeben sich also aus der ungebrochenen Wirksamkeit der körperlichen Beredsamkeit:

a) Er verhalte sich bewußt zu seiner körperlichen Erscheinung, zu Mimik und Gestik, überlasse sie nicht dem Zufall und unkontrollierten Antrieben, die ihn ebenso in Achtung wie Mißkredit setzen können.

b) Er gebe sich möglichst immer ungezwungen und natürlich, lasse sich also die Anstrengung gewisser Stellungen nicht anmerken und vermeide, besonders im Gebärdenspiel und in der Gefühlsdarstellung, die Extreme.

c) Er verwende die Ausdrucksmittel des Körpers nur sparsam, in Andeutungen und ohne Übertreibungen sowie immer mit eindeutiger Signifikanz.

d) In seiner äußeren Erscheinung richte er sich nach dem Anlaß der Rede und der Erwartung der Zuhörer, wobei auch dabei das Maß einer zwanglosen Selbstverständlichkeit, das alle Extravaganzen ausschließt, gewiß den größten Erfolg verspricht.

2. Die Festrede

Die Festrede gehört zu den drei klassischen Gattungen der antiken Rhetorik, steht also neben der Gerichtsrede (genus iudiciale) und der politischen Rede (genus deliberativum) und wurde als genus demonstrativum bezeichnet. Sie unterscheidet sich wesentlich von den beiden anderen Gattungen, da sie nicht auf eine Entschei-

dung der Zuhörer, sei es die der Richter oder die der Volksversammlung, zielt. Der Gegenstand der Festrede steht also weder
als zweifelhafter zur Wahl, noch soll über das Zweifelhafte entschieden werden; er ist also nicht dubium, sondern certum (= sicher), so daß die Haltung zu ihm lobend oder tadelnd ist, daher
auch die Bezeichnung Lob- beziehungsweise Tadelrede für die
Festrede; Schmeichel- und Schmährede sind ihre beiden Extreme.

Doch gerät der Zuhörer auch der Festrede gegenüber in Ent-
scheidungsposition. Heinrich Lausberg hat diese Form des rich-
terlichen Verhältnisses am Beispiel eines Zuhörers erläutert, der
an einer Gerichtsverhandlung oder einer Parlamentssitzung teil-
nimmt, aber am Verhandlungsgegenstand überhaupt nicht oder
nur sehr wenig interessiert ist, ihm also mit Distanz gegenüber-
steht.

„Da der Gegenstand der Rede ihn nichts angeht, kann er an dem ernsthaften Vorhaben des Hauptpublikums nicht teilhaben. Der Zuschauer
,abstrahiert' von diesem ernsthaften Vorhaben, er läßt statt dessen die Rede als Kunstwerk auf sich wirken und beurteilt sie nach ihrer Kunstfertigkeit. Damit ist für ihn der Gegenstand der Entscheidungsfällung nicht die
(das Objekt der Rede bildende) juristische oder legislative Angelegenheit,
sondern die Rede selbst: der Zuschauer faßt die Rede als eine Exhibition
der Redekunst auf. Der Redegegenstand, der im genus iudiciale und im
genus deliberativum ernstgenommen wird, ist für den Zuschauer belanglos: der Redegegenstand wird zur bloßen Gelegenheit der exhibition-
istisch aufgefaßten Ausübung der Redekunst, während im genus iudiciale
und im genus deliberativum die Rede ihre Funktion einzig und allein im
Redegegenstand hat."[10]

Die Festrede bedarf einer sorgfältigen Vorbereitung, sie aus Allgemeinplätzen zusammenzusetzen („... hat treu der Firma gedient
und sein Leben lang niemals versäumt ... seine Mitarbeiter schätzen ihn als kollegialen ... seine Vorgesetzten als nimmermüden,
sachkundigen..." usw.) heißt nicht nur, sie um ihre Wirkung zu
bringen; der dieserart Geehrte wird sie mit Recht sogar als Ver-
kehrung, gar Verhöhnung seiner Wirksamkeit auffassen.

Natürlich ist der Stoffbereich der Festrede durch den Anlaß
vorherbestimmt und ergibt sich beim Modellfall eines Dienstjubi-
läums aus der besonderen Person und ihrer Tätigkeit. Doch hängt
auch hier von der Reichhaltigkeit die Wirkung der Rede ab, und
die Rhetorik hat es nicht dem Zufall überlassen, in welchem Grad
die Argumente ausgeschöpft werden. Ein systematisches Ver-

zeichnis der Suchkategorien für die Festrede hat Quintilian aufgestellt, und wenn sie auch nicht alle in jeder Zeit von gleicher Gewichtigkeit sein können, stellen sie auch heute noch ein Reservoir
brauchbarer Argumentationsmuster dar, die sich auf jeden konkreten Fall anwenden lassen.[11]

a) Lob (oder Tadel) eines Menschen

(Die Gründe werden aus der Vergangenheit, Gegenwart oder Zukunft genommen.)

  I. Vergangenheit (Herkunft)
    1. Vaterland
    2. Vorfahren
    3. Eltern

 II. Gegenwart
    1. Geistige Lobgründe:
    Den Altersstufen und der Reihenfolge der Taten nach: Anla-
    gen – Lernerfolge – spätere Leistungen, Reden und Handlun-
    gen.
    Lob der Tugenden nach ihren Erscheinungsformen: Tapfer-
    keit, Gerechtigkeit, Selbstbeherrschung, Weisheit, Phantasie,
    Willensstärke, Mitleid, Liebesfähigkeit usw.
    Werke, die ihr Urheber als einziger, zuerst oder nur mit weni-
    gen zusammen geschaffen hat.
    Werke, die ihr Urheber gegen alle Erwartungen oder Hoff-
    nungen geschaffen hat.
    Werke, die ihr Urheber nicht für sich, sondern für andere ge-
    schaffen hat.
    2. Körperliche Lobgründe
    (Schönheit, Kraft, Anmut, Harmonie; selbst Körperschwäche,
    wenn trotz ihrer bestimmte Werke oder Taten vollbracht wur-
    den.)
    3. Äußere Lebensbedingungen, Glücksumstände
    (Reichtum, Macht, Einfluß, Freundschaften, die zur eigenen
    Ehre und zum Glücke anderer gereichten.)

III. Zukunft (Wirkung auf die Folgezeit)
Alle Zeugnisse der Nachwelt, Dokumente, Denkmäler, Errungenschaften, die auf die Tätigkeit und den Einfluß des betreffenden Menschen zurückgehen; wichtig für Gedenkveranstal-
tungen und nur dann brauchbar, weil ausschließlich die Nachwelt die Zukunftswirkungen eines Menschen feststellen kann.
Lebt der Jubilar, läßt sich dieser Topos allenfalls prognostisch
ausschöpfen, was aber nur bei anerkannt großen Werken (bedeutende Erfindungen, künstlerische Errungenschaften) sinnvoll ist oder im kleineren Kreis (etwa innerhalb einer Familie),
wo sich gewisse Wirkungen leichter voraussagen lassen.

b) Lob (oder Tadel) eines Ortes (Stadt, Land, Landschaft)

1. Aussehen
2. Nutzen
3. Gründer, Schöpfer, Gestalter einer Landschaft
4. Hohes Alter oder noch junge Gründung
5 Umgegend
6. Geographische Lage, Besonderheiten wie Befestigung, Reisewe-
   ge, Handelsverbindungen, Fruchtbarkeit des Bodens, klimati-
   sche Begünstigungen
7. Besondere Produktionsstätten
8. Einwohner und Bürger, deren Zusammensetzung, Bedeutung,
   Leistungen

Die Rhetorik des Tourismus bedient sich am augenfälligsten dieser Lobtopik:

„Der kleine Ort hat Tradition. Schon Anfang des 15. Jahrhunderts wohn-
ten hier Menschen. Erste Kurgäste wurden um 1830 registriert – ostfriesische Gastlichkeit seit über 150 Jahren. Begleiten Sie uns bei einem kleinen
Bummel. Schmucke Häuser beherrschen das Ortsbild, kleine Parks und
grüne Winkel. Die Straße gehört Fußgängern und Radfahrern – hier gibt
es keine Autos … Mode, Schmuck, Antiquitäten … Langeoog lädt zum
vergnüglichen Shopping … Die altertümliche Inselbahn bringt uns in wenigen Minuten zum Hafen, wo wir den Jachten, den Fracht- und Fähr-
schiffen nachschauen … Langeoog ist ein Nordseeheilbad. Hier wirken
also nicht nur die heilsamen Klimafaktoren … Der alte Wasserturm, weit-
hin sichtbares Wahrzeichen der Insel, liegt im Schein der abendlichen
Sonne. Die richtige Zeit, um ostfriesische Gastlichkeit kennenzulernen
und zu genießen. Den originalen ostfriesischen Tee beispielsweise …"[12]

c) Lob (oder Tadel) von Gebäuden, Worten und Taten

„Auch Lobreden auf öffentliche Bauten gibt es, in denen gewöhnlich Ehre, Nutzen, Schönheit und Erbauer den Blickpunkt bilden. Ehre z. B. bei Tempeln, Nutzen bei Mauern, Schönheit oder Erbauer in jedem dieser Fälle... Man wird ferner auch allgemeine Lobreden auf rühmliche Worte und Taten finden und auch solche auf Dinge aller Art. Sind doch auch auf den Schlaf und auf den Tod Lobreden verfaßt wie auch von Ärzten auf bestimmte Speisen."[13]

Auch dafür bieten Reiseführer und touristische Werbung genügend Beispiele – ob Rom oder Paris, ihr Loblied folgt denselben überlieferten Topoi.

Die Tadelrede ist nur die Kehrseite der Lobrede, weshalb diese Suchkategorien auch für sie gelten, nur eben jeweils im entgegengesetzten Sinne.

Es gibt drei Begründungsformen für die Festrede, das heißt drei Hauptfragen, die an die zu lobende Person oder Sache im Laufe der Rede (meist implizit) gestellt und explizit beantwortet werden.

a) Die sachlich richtige Definition des Lobgegenstandes („Was ist er?"), das heißt die umfassende Beschreibung seines Bedeutungsinhaltes. Läßt sich der Lobgegenstand auf einen Begriff bringen (etwa Schönheit oder Tugend), so ist er zu definieren nach Gattung, Art (Erscheinungsform), Unterscheidungsmerkmal und Eigentümlichkeit. Quintilian erläutert das an einem Beispiel:

„Wenn man z. B. das Wesen eines Pferdes abgrenzen will – um ein ganz bekanntes Beispiel zu nehmen –, so ist die Gattung ‚Lebewesen‘, die Erscheinungsform ‚sterbliches‘, das Unterscheidende ‚unvernünftiges‘ – denn auch der Mensch gehörte ja zur Erscheinungsform des ‚Sterblichen‘ –, das Eigentümliche ‚wieherndes‘."[14]

Ist der Lobgegenstand dagegen ein Individuum oder eine einmalige Sache (Kunstwerk, Landschaft), kann kein allgemeines definitorisches Merkmal gegeben werden. An die Stelle der Definition tritt dann die detaillierte Beschreibung der Person oder Sache, also etwa der Lebenslauf des betreffenden Menschen, die Entstehung und Entwicklung des individuellen Werkes.

b) Die qualitative Bestimmung des Lobgegenstandes („Wie ist er beschaffen? Ehrenhaft? Tugendhaft?"), wozu auch seine Ursachen und Beweggründe gehören. Das Beispiel stammt aus Alfred Polgars Nachruf auf Karl Kraus:

„Er war Hüter im Bezirk des Geistes, eifervoll bis zum Berserkerhaften im Attackieren und Abweisen derer, die ihm den geheiligten Bezirk zu verunreinigen schienen. Er rächte das Ideal an der Wirklichkeit, Liebe für das Große nährte seinen Haß gegen das Kleine, auch wenn dieses gar nicht anders sein wollte als klein. Der Sache, an die er glaubte, diente er als ebenso treuer wie tyrannischer Diener."[15]

c) Die Bestimmung der Zuständigkeit des Redners im vorliegenden Falle („Ist er berechtigt, diese Rede zu halten?"), diese Begründung wird ausdrücklich selten gefordert sein, doch kommt sie etwa vor, wenn ein Fachfremder die Lobrede hält (ein Politiker auf einen Künstler oder umgekehrt, ein Laie auf einen Wissenschaftler oder ein Außenstehender während einer Familienfeier auf ein Mitglied dieser Familie). In der ersten seiner „Zwölf Reden über die Beredsamkeit und deren Verfall in Deutschland" befragt sich auch Adam Müller auf die Kompetenz, über dieses Thema „als Deutscher" zu reden:

„Können wir Deutsche von Beredsamkeit sprechen, nachdem längst aller höhere Verkehr bei uns stumm und schriftlich, oder in einer auswärtigen Sprache getrieben wird?"[16]

Implizit enthalten die meisten Reden eine Zuständigkeitsbestimmung, wenn man etwa auf die persönliche Bekanntschaft anspielt („Bei meiner letzten Begegnung mit N. N., ich glaube, es war im Oktober vergangenen Jahres..."), sich auf das allgemeine Interesse, die soziale Zuständigkeit beruft („Die Politik darf man nicht bloß den Politikern überlassen...") oder sich schon zu Anfang durch intime Kenntnis des Gegenstandes fachlich ausweist („Ich beginne mit einem bislang gänzlich unbemerkt gebliebenen, nur wenigen seiner Interpreten überhaupt bekannten Gedicht...").

Der Stil der Festrede richtet sich nach dem jeweiligen Anlaß, wird aber besonders auch emotionale Darstellungsmittel miteinbeziehen und das Anhören durch den Schmuck der Sprache zu einem ästhetischen Vergnügen zu machen suchen. Man bemühe sich um Mündlichkeit (Anrede des Publikums und des Jubilars, Witz, anekdotische Erzählungen, sprachliche Beziehung zum Publikum: „Doch hätte ich beinahe vergessen, Ihnen zu sagen..."), vermeide aber pseudopoetische Wendungen („in schicksalsschwangeren Augenblicken"), abgegriffene Redensarten („Wir sind zahlreich hier zusammengekommen, um...") oder kitschige Formulierungen („Sie war wie eine Blume, die im Frühling ihres Lebens verblühte.").

Der Anwendungsbereich der Lob- und Tadelrhetorik ist außerordentlich groß, er reicht von brieflichen Würdigungen (Gratulationen) über die vielen privaten und beruflichen Anlässe wie Dienst- oder Firmenjubiläen und die alltäglichen Anforderungen der journalistischen Praxis, denn Jubilare, lokale oder nationale Gedenktage gibt es dauernd, bis hin zu den großen, öffentlichen Repräsentationsanlässen, den Parlamentfeiern, nationalen Erinnerungs- oder Mahntagen, den Geburtstagen großer Schriftsteller, Komponisten, Maler oder Staatsmänner.

Übungsaufgaben

1. Entwerfen Sie mit Hilfe der Suchkategorien ein Exposé (geordnete Gliederung des Stoffes) für eine touristische Werbebroschüre, in dem die Bundesrepublik Deutschland als Reiseland empfohlen wird.
2. Entwerfen Sie das Exposé für eine Festrede zur Erinnerung an einen bedeutenden Dichter oder Staatsmann, als Adressaten wählen Sie eine gemischt zusammengesetzte Festversammlung Ihrer Heimatstadt.
3. Entwerfen Sie das Exposé zum Dienstjubiläum eines Lehrers (vom Direktor vor dem Kollegium gehalten).

---

3. Das Rundfunk-Feature

Seinem Begriff nach kann das Rundfunk-Feature erst nach der Eröffnung der Sendeanstalten seit den zwanziger Jahren entstanden sein; und wirklich tritt die das Feature charakterisierende Mischung der Darstellungsmittel Sprache, Geräusch und Musik schon in den ersten Funkspielplänen auf.

So „setzte Hans Bodenstedt, der erste Leiter des Hamburger Senders, einen für die Entwicklung rundfunkeigener Formen gewichtigeren Akzent.

Er schrieb … experimentierte und war unermüdlich im Erfinden neuer Formen und Möglichkeiten. Eine davon war die Sendereihe ‚Humoristische Städtebilder‘, die mit ‚Berlin in Lied und Wort‘ begann. In dieser Sendereihe wurden nicht nur Wort und Musik zu einem einheitlichen Formtyp verbunden, vielmehr konkretisierte sich der Versuch, eine Charakterisierung der diversen Städte unter dem Aspekt des Humors zu geben. Parallelbestrebungen zu diesen Features-Anfängen lassen sich in der Themenwahl eindeutig in den Städtefeatures nach dem Jahre 1945 feststellen. Für beide ist das Kriterium bestimmend, dem Hörer nicht nur fremde Städte im allgemeinen vorzustellen, sondern das Typische und Charakteristische.“[17]

Das Beispiel ist für unsere Zwecke besonders hilfreich, zeigt es doch, daß die Sache, die man Feature nennt, sehr viel älter ist als die Form und das Medium, worin sie sich präsentiert. Denn der Unterschied zum überlieferten Städtelob besteht in der Art der Präsentation: Die einheitliche Rede über die Stadt wird im Feature aufgelöst in ein Wechselgespräch, in dem der Autor selber, aber auch direkt sein Gegenstand (sei es in Musik-, Sprach- oder Geräusch-Originaltönen) zu Gehör kommen. Alfred Andersch, einer der wenigen Schriftsteller, der sich auch theoretisch über diese funkspezifische Redegattung geäußert hat, betont eben das formale Charakteristikum:

„Feature bedeutet niemals den Inhalt einer Sache, sondern ihre Erscheinungsweise… Es bedeutet also die Form einer Sache, nicht die Sache selbst, wobei allerdings, wie im Erscheinungsbild des Menschen, zuweilen Form und Inhalt identisch sein können… Niemals aber ist das Feature die Reportage oder Dichtung selbst, sowenig, wie ein Sonett schon ein Gedicht ist. Es bedeutet vielmehr die Herrichtung einer Reportage oder Dichtung, das ‚making‘, die Übertragung, das In-Form-Bringen eines Inhalts, das Machen einer Spezialität, es ist in der Praxis eine Montage-Kunst par excellence.“[18]

Von seiner Form her berührt sich das Feature vor allem mit dem Hörspiel und über dieses mit dem Sprech- und Musiktheater. Vernachlässigt man einmal die Vermittlungsform des Funks, die eine massenweise Rezeption ermöglicht, so bleibt als Kennzeichen die Herrichtung eines Stoffes in dialogischer Form unter Mitwirkung außersprachlicher Mittel. Kein Wunder, daß es vor allem dramatische Stücke und Opern waren, die die ersten Funkprogramme bestimmten und die Anregung für eine entsprechende Behandlung noch nicht dramatisierter Stoffe, aktueller Themen und sogar wissenschaftlicher Gegenstände gaben. Von hier, von der Bühne als dem bis in die Gegenwart ungebrochen lebendig gebliebenen Hauptort rhetorischer Überlieferung als einer wichtigen Quelle des Features und von seiner Zwecksetzung gibt es sich als eine moderne Redegattung zu erkennen, für die die Rhetorik auch zuständig ist.

a) Der Dialog als Grundform des Features

„Man kann den Gesprächsstil wegen der unterhaltenden Lebhaftigkeit zu allem anwenden", bemerkte der Rhetor und Aufklärer Johann Gotthelf Lindner in schöner Offenheit in seinem „Kurzen Inbegriff der Aesthetik, Redekunst und Dichtkunst" von 1772 und fuhr mit einer Aufzählung seiner Meinung nach bedeutender Vorbilder fort: „Man lese die Dialoge des Sokrates im Plato, Plutarchs Gastmahl, u. a. m."[19] Mit der Aufklärung wurde in Deutschland die gleichberechtigte, ungezwungene, aber auf natürliche Weise geregelte gesellschaftliche Konversation ein Ideal der Zeit. In ihm kommen politische Erwartungen ebenso zum Ausdruck wie die Überzeugung, daß Gespräch und Dialog „aufs allerglücklichste zu richtigen Untersuchungen der Wahrheiten und zur Berichtigung der Gedanken eines Menschen genutzt werden können."[20] Im aufklärerischen Diskurs ist daher das Gespräch Paradigma für die didaktische Methode, mit der der Mensch zum Selbstdenken, zum richtigen und freien Gebrauch seines Verstandes erzogen werden soll; im Dialog kulminiert die stilistische Kunstfertigkeit des prosaischen Schriftstellers und Philosophen. Die antike Gesprächskultur, der sokratische Dialog, die Dialoge Ciceros und Tacitus', die Totengespräche Lucians, seiner Nachahmer Fontenelle und Fénélon, schließlich Leibniz' und der französischen Philosophen wie Voltaire und Diderot, galten als die Vorbilder, die man nachzuahmen und womöglich zu übertreffen suchte. Christian Thomasius hatte im 8. Kapitel der „Höchstnötigen Cautelen für einen Studiosus juris" (1713) den Gesprächen einige Bemerkungen gewidmet, „die aus allerhand Erfindungen bestehen, die den Leser belustigen und aufmerksam machen sollen"[21], während Gottsched 14 Jahre später in der Vorrede zur Übersetzung von „Fontenelles Auserlesenen Schriften" (1727) mit dem Titel „Des Übersetzers Abhandlung von den Gesprächen überhaupt" den Dialog schon als die geeignetste Form der prakti-

schen Unterrichtung und populären Aufklärung empfiehlt. Und
ganz in diesem Sinne schreibt Christian Heinrich Schmid in seiner
„Theorie der Poesie" (1767):

„Durch ihn, unsern Plato, ward zuerst die dürftige Philosophie, die bey
aller ihrer Gründlichkeit sich immer noch nicht aus den Schulen in die fei-
nere Welt wagen durfte, mit dem Überflusse der schönen Wissenschaften
vermählt."[22]

Im selben Jahr erscheint Moses Mendelssohns „Phädon" mit dem
berühmten Einleitungsessay „Charakter des Sokrates", in welchem der Autor die Vorzüge des sokratischen Gesprächs rühmt,
die er vor allem darin sieht, „daß man von Frage zu Frage, ohne
sonderliche Anstrengung ihm folgen konnte, ganz unvermerkt
aber sich am Ziele sah, und die Wahrheit nicht gelernet, sondern
selbst erfunden zu haben glaubte."[23] Späteren wird dieser Dialog
zum vorbildlichen Muster der Gesprächskunst. In seinem „Philosophen für die Welt" ist das Gespräch Engels meistbenutzte Form,
unterhaltend zu unterrichten, ob nun über das Verhältnis von
Schönheit und Weisheit (in einem Disput unter den olympischen
Göttern), des Schriftstellers zu seinem Kritiker oder „Über die Bestimmung zum Tode", worüber sich zwei Freunde unterhalten.[24]
Das Ideal des gebildeten philosophischen Gesprächs preist Knigge
in seiner Abhandlung „Über den Umgang mit Menschen" (1977)
als den Höhepunkt aller Geselligkeit, und von Eschenburg bis
Sulzer, Garve und Eberhard ist es immer wieder das gleiche Argument, mit dem diese Hochschätzung begründet wird: Die Wahrheiten werden nicht allein gelehrt, sondern auch „fühlbar gemacht", wie es Friedrich von Blankenburg unter Hinweis auf Sulzer in seinen „Literarischen Zusätzen zu J. G. Sulzers Allgemeiner
Theorie der schönen Künste" (1796–98) erläutert.[25] In seinem
großen Essay „Über Gesellschaft und Einsamkeit" (1797) wird
Garve die Bedeutung, die das Gespräch für die popularphiloso-
phische Aufklärung besaß, noch einmal zusammenfassend begründen. Gleich eingangs erinnert er daran, daß die lebendige Rede vor der Erfindung der Schreibekunst einziger Lehrmeister der
Menschen gewesen sei.

„Selbst da, in etwas spätern Zeiten, die eigentliche Wissenschaft oder die
Philosophie entstand: erschien sie zuerst nur unter der Gestalt einer gesellschaftlichen Unterhaltung. Für die Vernunft hatten die Griechen keinen andern Nahmen, als den der Rede; wissenschaftliche Untersuchungen

anstellen hieß bey ihnen, sich über die Gegenstände derselben unterreden; und zu Folge ihres ältesten Nahmens ist die Logik nichts anders, als die Kunst eines gelehrten Gesprächs."[26]

Garve begründet nun die Aktualität des Gesprächs für die Aufklärung mit den „Vorzüge(n) des gesellschaftlichen Unterrichts": „Das was man im Gespräche lernt, hat auch gleich die Form und den Ausdruck, in welchen es sich am leichtesten wieder an andre im Gespräche mittheilen läßt."[27] Das Gespräch ist das wichtigste Medium, mit dem die Gesellschaft „auf Bildung des Verstandes und Herzens" Einfluß nimmt[28] und es bleibt daher „ewig die Quelle des solidesten, reinsten und größten Vergnügens, welches der menschliche Umgang gewährt"[29].

Nimmt man den Dialog als Prinzip des Features ernst, so zeigt sich das naheliegende Verfahren, eine einheitliche Rede bloß auf verschiedene Sprecher zu verteilen, in seinem ganzen Ungenügen. Vielmehr muß das Thema selber dialogisch entwickelt werden, sich im Hin und Her der Argumente, Positionen, Belege, in der wechselweisen Ergänzung zweier deutlich geschiedener Standpunkte entfalten. Die Sprecher müssen, auch als fiktive Personen, Individualität besitzen und ihrer jeweiligen Besonderheit entsprechend sich äußern. Der Autor tut also gut daran, sich zuvor über ihre Charaktere, Alter, Geschlecht, Neigungen, Eigenheiten usw. klarzuwerden und sie derart im Gespräch agieren zu lassen. Arno Schmidt, dem die deutsche Literatur einige vorzügliche Features zu verdanken hat, cahrakterisierte seine Sprecher immer unmißverständlich, z. B.:

„A.: ältlich; zum Dozieren geneigt / B.: jung; feurig = ungeduldig; Dazwischenredner."[30]
    Oder: „A.: Referent; ruhige Bitterkeit des vom Staate mehrfach ausgeplünderten Alters. / B.: Frager; jugendlich entrüstbar. / Zitate: müssen – mit ganz wenigen, besonders gekennzeichneten Ausnahmen – heroisch = abgehackt gesprochen werden (evtl. mit einem winzigen Echoraum dahinter); jedoch nie parodierend."[31]

Stehen die, dem Thema und dem Wirkungszweck angemessenen Stimmcharaktere fest, so schreibe man nicht etwa zunächst eine einheitlich-monologische Vorfassung, sondern beginne sofort damit, das Thema von den Gesprächspartnern diskutieren zu lassen; für die Reihenfolge, in der das mit den durch die inventorische Forschung gefundenen Stoffmomenten geschieht, kann man durchaus eines der überlieferten Dispositionsschemata nehmen (vgl. S. 55 ff.).

b) Außersprachliche Feature-Elemente

Das Feature benutzt seit seinen Anfängen nicht nur die Sprache, sondern folgt darin dem Modell des realen Gesprächs, daß es etwa Umweltgeräusche, Musik und alle akustischen Phänomene miteinbezieht. Diese außersprachlichen Elemente sollten immer funktional hinsichtlich des Wirkungszwecks (unterhalten oder belehren oder beides), nicht bloße Schmuckstücke der Abwechslung halber sein, wenn sie auch in das Muster des dialogischen Wechsels miteinbezogen sind und zur Vermeidung von Monotonie, zur anschaulichen Vergegenwärtigung dienen. Man kann dabei deutlich verschiedene Funktionen unterscheiden, auch wenn sie selten säuberlich getrennt auftreten.

Die außersprachlichen akustischen Feature-Elemente dienen:
1. zur Illustration des Gesprächs als Exempel;
2. zum Beleg einer Position als natürliches Argument oder akustisches Signum (vgl. S. 33 ff.);
3. als Bindeglied und Überleitung zu neuem Themenbereich;
4. als mimetisches Kunstmittel zur Suggerierung einer realen Gesprächssituation o. ä.;
5. als affektsteigerndes oder -abwiegelndes Mittel;
6. als eine Art nichtsprachlicher Gesprächspartner, der mit seinen Ausdrucksmöglichkeiten eine nach Form und Inhalt deutlich von den anderen geschiedene Gesprächsposition einnimmt (Tierstimmen, doch auch Musikstücke).

Viele dieser außersprachlichen Elemente müssen in Außen- oder Studioaufnahmen gesammelt oder hergestellt werden.

Ist der Autor gleichzeitig der Regisseur des Features (sicher der – seltene – Idealfall), so wird er die Verwirklichung seines Textes durch Sprecher und Originaltöne selber überwachen und sprachliche wie außersprachliche Elemente schließlich zum einheitlichen Feature montieren. Sind Autor und Regisseur verschiedene Personen, empfiehlt sich wenigstens eine möglichst enge Zusammenarbeit.

c) Formen und Inhalte des Features

Trotz seiner wenigen Elemente und der Beschränkung auf den akustischen Bereich ist die formale Variationsbreite des Features sehr groß. Sie reicht von dem reinen Dialog im Wortsinne, zwischen zwei deutlich individuell geschiedenen Sprechern über das mit allen außersprachlichen Tönen und Signalen arbeitende „Hörbild" (wie man den Terminus Feature auch übersetzt hat) bis zur reinen Montage der sprachlichen und außersprachlichen Elemente, die sich nur noch indirekt durch Inhalt und Bedeutung, nicht mehr durch persönliche, dialogische Zuwendung aufeinander beziehen, so daß ein collagehafter Eindruck, keine Gesprächswirkung entsteht. Zu welcher Form ein Autor neigt, wird auch das Thema entscheiden: Das vor allem belehrende Bildungsfeature wird sich mehr der klassischen Gesprächsform bedienen, ein Reisefeature wird möglichst viel charakteristische Originaltöne von den Reiseschauplätzen miteinbeziehen, ein Musikfeature mit vielen Beispielen arbeiten und manche Reportagefeatures in die Nähe realistischer Hörspiele geraten.

Übungsaufgaben

1. Schreiben Sie ein 15minütiges Feature mit dem Thema: „Alltagsleben im Ausländerviertel unserer Stadt", das in einem lokalen Hörfunkprogramm gesendet werden soll.
2. Machen Sie dafür Tonbandrecherchen mit dem Mikrophon.
3. Montieren Sie die von Laiensprechern gesprochenen Dialogteile und den Originalton mit Hilfe zweier Kassettenrecorder zum Feature zusammen.

F) Formen der schriftlichen Rede am Beispiel der Literaturkritik

1. Veränderungen im Publikumsbezug

Aristoteles hat in seiner „Rhetorik" die Bedingungen der Redekunst kurz und bündig zusammengestellt:

„Es basiert nämlich die Rede auf dreierlei: dem Redner, dem Gegenstand, über den er redet, sowie jemandem, zu dem er redet, und seine Absicht zielt auf diesen – ich meine den Zuhörer."[1]

Diese regulative Funktion des Hörers ist konstitutiv für Theorie und Selbstverständnis der Rhetorik. Adam Müller, dessen Reden über die Beredsamkeit den letzten großen zusammenfassenden Versuch einer kulturphilosophischen Begründung der Rhetorik in Deutschland darstellen, hat daher seinen dritten Vortrag gänzlich der „Kunst des Hörens" gewidmet und dem Vorurteil beredt widersprochen, daß die Fähigkeit zu Hören eine selbstverständliche und voraussetzungslose Naturanlage des Menschen sei:

„*Zuvörderst* aber übersieht man dabei, daß die ganze Welt durch die Rede ausgedrückt wird, wie denn überhaupt für alles, was die Welt dem Menschen gewährt, an Gütern, an Schätzen, an Genuß, an Erkenntnis, nur ein einziges würdiges Äquivalent von seiten des Menschen an die Welt zurückerfolgt: nämlich die Rede, d. h. die vermenschlichte Welt: man übersieht also, daß durch diesen Sinn des Ohrs Großes empfangen wird und Kleines, Gewaltiges und Schwaches, Unermeßliches und Geringfügiges, daß also in sehr verschiedener Art, bald in großer bald in leichter und flüchtiger Manier empfangen werden muß; daß also dasjenige Ohr, welches nur gewöhnt ist zu empfangen: – guten morgen oder wie geht es? oder was kostet das? – um deswillen nun noch nicht grade geeignet ist, eine Rede von Johannes Müller an die Schweizer, oder von Gentz für das europäische Gleichgewicht oder irgendeinen andern Wortredner der Völker nach Würden anzuhören. Nicht etwa weil die Kenntnisse, die wissenschaftlichen Vorbereitungen fehlen, die zum Verständnis dieser Redner gehören, sondern weil das Ohr an großartigen Wendungen der Rede nicht gewöhnt ist, weil von den breitgetretenen, zerbröckelten Tönen des gemeinen Lebens, worin kein Gesetz herrscht, als das der Not, kein Takt, als der der Faulheit, eigentlich kein Übergang stattfindet zu dem harmonischen Ganzen, was ein überlegener Geist mit Freiheit und rhythmisch angeordnet hat."[2]

Als Lehre der Beredsamkeit bezieht sich die Rhetorik schon von ihrem Ursprung an auf die zum Vortrag hergestellte Rede. Doch sammelte bereits die Antike Musterreden, und einige literarische Gattungen (Geschichtsschreibung, Roman) fielen von Anfang an in ihren Zuständigkeitsbereich, so daß „Rede" nicht unbedingt auch den Rede-Vortrag mitbedeutet. Allgemeiner versteht die Rhetorik unter „Rede" eine ästhetisch anspruchsvoll geformte Sprachhandlung, in deren Konstitution die Beziehung zwischen sprachlicher Produktion und der Gesellschaft (dem Publikum) miteingegangen ist. Der Terminus „Rede" bedeutet also immer zugleich die Wirkungsintentionalität und Funktion des Sprach-werks. In der Neuzeit hat die schriftliche Rede die mündliche Re-de mehr und mehr verdrängt, was mit der sozialen und techni-schen Entwicklung zusammenhängt, hier aber seinen Ursachen und Erscheinungswesen nach nicht weiter berücksichtigt werden kann. Die Rhetorik bezieht sich jedenfalls seit dem Altertum zu-nehmend auch auf die literarisch fixierte Rede, auf alle Gattungen der Literatur also, für die die Beziehung zum Publikum von kon-stitutiver, prinzipieller Bedeutung ist. Doch hat sich durch Verän-derung des Gegenstandsbereichs der Publikumsbezug selber ver-ändert, und das vor allem in zweifacher Hinsicht: Erstens hat der Redner sein Publikum nicht mehr vor Augen, wenn er zum Autor schriftlich verbreiteter Werke wird. Er kennt dieses Publikum nicht durch persönliche Erfahrung und lernt es auch nicht ken-nen, da es aus der Summe verstreuter einzelner Rezipienten be-steht. Gewisse Kenntnisse über sein Publikum kann und wird er sich verschaffen durch statistisches Material, sozialpsychologische und lesersoziologische Untersuchungen sowie durch Übertragung seines Erfahrungswissens auf den vermutlichen Leser seines Wer-kes. Die schichtenspezifische Zuordnung bestimmter Medien (Provinzzeitung, überregionale Tageszeitung, Boulevardpresse, Illustrierte usw.) erleichtert ihm die Orientierung. Doch kommt es immer wieder vor, daß ein Autor an seinem Publikum „vorbei-schreibt", weil es sich nicht mit seiner Vorstellung von seinem Pu-blikum deckt oder dieses ihr sogar entgegengesetzt ist. So ergeht es zum Beispiel häufig den Wissenschaftlern, die von populären Zeitschriften zu Stellungnahmen oder Gutachten gebeten werden.

Die Entrückung des Publikums aus dem Gesichtskreis des Red-ners hat auch psychologische Folgen, als Schriftsteller gerät er in eine isolierte Situation, kann seine Wirkung nur noch mittelbar und zumeist erst sehr viel später an gewissen abstrakten Anzeichen ablesen (Auflagenzahl, Nachfrage, Zeitungskritik) und sich daher auch nicht mehr an Ort und Stelle, sondern allenfalls noch im nachhinein korrigieren. Unsicherheit, existenzielle Zweifel, Empfindlichkeit und Aggressivität sind oft die Folgen.

Zweitens wurde die kollektive, spontane Rezeption der Rede, die implizit und explizit eine Gesprächssituation herstellte, abgelöst durch die Rezeption vereinzelter Individuen (nur das Theater ist hier die große, lebendige Ausnahme), die sich nicht mehr in Gemeinsamkeit erfahren (es sei denn, diese wird durch Lesungen, literarische Zirkel usw. künstlich wiederhergestellt). Indem das Publikum seinerseits den Redner aus dem Auge verliert und den Autor persönlich meist nicht kennt, gewinnt die Rede an autoritativer Bedeutung, und dem Geschriebenen wird von vornherein ein größeres Maß an Allgemeingültigkeit zuerkannt. Der Autor verschwindet hinter dem Text, der dadurch den Anschein objektiver Selbständigkeit gewinnt. Erscheint nun gar, wie etwa in großen Zeitungen und Magazinen häufig zu beobachten ist, nicht einmal mehr der Autorenname (oder allenfalls noch als Kürzel), so ist das die letzte Konsequenz einer Entwicklung, die nicht auf Aufklärung, sondern Einschüchterung und Überrumpelung des Lesers durch die Suggestion schierer Faktizität zielt. Eine Entwicklung, der man freilich widerstehen kann. Auch die geschriebene Rede soll daher die Subjektivität und Parteilichkeit ihres Autors nicht zu vertuschen suchen, sondern offen und ehrlich eingestehen und dadurch ihren Gegenstand wieder zum Gegenstand des Selbstdenkens, auch zum Gesprächsgegenstand machen, der überprüft, bezweifelt, kritisiert werden will. Auf diese Weise gewinnt er eine andere Form von Glaubwürdigkeit, denn er zwingt dem Leser nicht eine quasi-objektive Meinung auf, sondern macht ihn (wenigstens virtuell) zum gleichberechtigten Gesprächspartner, der überzeugt werden soll.

2. Die Literaturkritik

Im Produktionsprozeß der Rede hat auch das kritische Vermögen seinen festen Platz. Cicero unterscheidet zwischen der Entdeckung und Unterscheidung einer Sache (inventio) durch den Redner und die ebenfalls von ihm selber vorzunehmende anschließende Prüfung und Beurteilung.

„Eines gründlich durchgebildeten Geistes bedarf ich, wie der Acker nicht einmal, sondern zwei- und dreimal gepflügt werden muß, damit er desto bessere und größere Früchte hervorbringen könne. Eine gründliche Durchbildung des Geistes aber besteht in Übung, in Hören, Lesen und Schreiben. Zuvörderst nun muß man das Wesen der Sache, das niemals versteckt liegt, betrachten; man untersuche, ob es eine Tatsache sei oder was sie für eine Beschaffenheit habe oder welchen Namen sie führe."[3]

Doch wird im weiteren Verlauf der Diskussion dieses Punktes[4] deutlich, daß für Cicero die Unterscheidung von Findekunst und Beurteilungskunst nur modellhaften Charakter hat, für den Meister natürlich sowieso nicht gilt und auch der Schüler auf das Ziel hin ausgebildet werden soll, beide Fähigkeiten zugleich anzuwenden. Quintilians vorsichtige Kritik am verehrten Cicero ist also in diesem Sinne zu relativieren:

„Manche haben … der Erfindung *die Urteilskraft* zugeordnet, weil zuerst die Erfindung komme und dann erst das Urteilen. Ich gehe nun soweit zu glauben, man könne nicht einmal erfinden, ohne zu urteilen. Denn es heißt ja auch von keinem, er habe Widerspruchsvolles, Allgemeines, Törichtes erfunden, sondern er habe es nicht gemieden. Cicero hat zwar in seiner Rhetorik das Urteil der Erfindung untergeordnet. Mir scheint es aber so sehr mit den drei ersten Abteilungen verschmolzen zu sein – denn auch Anordnung und Darstellung könnten doch nicht ohne Urteilskraft entstehen –, daß ich glauben möchte, auch der Vortrag entlehne sich das meiste von ihm."[5]

Der Begriff der Kritik entwickelte sich in der Folgezeit vor allem aus dem Begriff der rhetorischen Beurteilungskunst und wird im humanistischen Verständnis präzisiert durch die hinzutretende Bedeutung von analysis, die auch schon im rhetorischen Unterricht von Bedeutung war, wenn es darum ging, die klassischen Autoren zu lesen und an der Kunstfertigkeit ihrer Werke für die eigene Praxis zu lernen: Die Ganzheit wurde aufgelöst und das Werk in seinen Teilen geprüft. Diese auflösende, zersetzende Wirksamkeit, die mit Begriff und Funktion der Kritik untrennbar verknüpft ist, derart, daß es eine konstruktive Kritik gar nicht geben kann oder allenfalls im zweiten Zug der Destruktion und Unterscheidung des Ganzen in seinen Teilen nachfolgen könnte, wobei man sich dann freilich fragen müßte, ob dieser Teil überhaupt zur Kritik noch gehöre.

Nach Inhalt und Form gibt es mindestens drei Typen von Literaturkritik: die Buchbesprechung, die meistens nicht mehr als den Inhalt und eine kurze Einschätzung des Buches bringt. Sie ist für den schnellen Verbrauch, die aktuelle Rezeption bestimmt, zielt auf kurze Information und vergeht mit dem Tag. Weitergehende Zwecke verfolgt die Rezension, auch sie informiert kritisch über ein Buch, wobei nun auch der literarische Kontext (das Œuvre des Verfassers, die Richtung, die gattungsspezifische Prägnanz) ausdrücklich berücksichtigt wird und zu einem dezidierten Urteil beiträgt. Beide Formen vereinigt die eigentliche Literaturkritik in sich und geht doch bedeutend darüber hinaus, wird Zeit- und Epochenkritik; für sie ist das Einzelwerk auch in seiner repräsentativen Wirksamkeit wichtig, sie liest darin die Zeichen für die moralische, geistige, kulturelle Verfassung eines Volkes. So verwirklicht die Literaturkritik zwar ihre höchsten Ziele im Sprung über das Werk hinaus, doch immer in seiner Richtung und nach Maßgabe des Fahrplans, den es enthält. Es versteht sich von selbst, daß nicht jedes Werk Gegenstand von Literaturkritik in diesem emphatischen Verständnis sein kann.

Die Buchrezension gehört immer noch zu den festen Bestandteilen des Literatur- und Wissenschaftsbetriebs, in welcher Form auch immer sie auftritt: vom kurzen Hinweis, der oft nur den „Waschzettel" des Buches[6] paraphrasiert, bis zu umfangreichen Aufsätzen, die sich zur Gesamtwürdigung eines Schriftstellers oder sogar zur eigenen Behandlung des Themas ausweiten können; in Ziel, Funktion und Aufbau bleiben sie alle vergleichbar. Der hier zugrunde gelegte Modellfall ist die Kritik eines belletristischen Werkes für eine mittlere bis große Tages- oder Wochenzeitung mit regelmäßigem Feuilleton- oder Literaturteil. Sie unterscheidet sich von der wissenschaftlichen Rezension in einer Fachzeitschrift zuerst durch ihre allgemeinverständliche, auf ein breites, unterschiedlich strukturiertes Lesepublikum ausgerichtete Darstellungsweise.

Die wissenschaftliche Rezension, die das Gegenstück zur Literaturkritik darstellt, beschränkt sich auf sachliche Argumentation und wendet sich in der Regel an ein speziell vorgebildetes, informiertes Publikum, das die jeweilige Wissenschaftssprache, die Kategorien und Fachtermini kennt, so daß auch der Rezensent sie verwenden kann. Im übrigen gelten die gleichen Regeln wie bei der Literaturkritik, denn auch der Fachmann erwartet von der wissenschaftlichen Rezension, daß sie sprachlich einwandfrei und deutlich formuliert ist, den Gegenstand faßlich darstellt. Ferner wird er gegen eine literarische Qualität der Kritik nichts einzuwenden haben, da sie ihm die Lektüre nicht bloß nützlich, sondern auch angenehm machen kann.

Die Literaturkritik ist Bestandteil einer komplizierten kulturellen Interaktion: Sie vermittelt das Buch einer interessierten oder zu interessierenden Öffentlichkeit, die aber ganz verschiedene Anforderungen stellt. Das professionelle Lesepublikum will über ein bestimmtes Buch kritisch informiert werden, die „Insider" (Lektoren, Verleger, Autoren, Kritikerkollegen, Buchhändler) erwarten ihrerseits von einer Rezension jeweils ganz unterschiedliche Auskunft. Für den Verfasser des Buches ist der Kritiker oft der einzige Rezipient, an dem er seine eigene Wirkung ablesen kann, und zudem ein sachverständiger Partner, der ihm die Überprüfung der eigenen Fähigkeiten ermöglicht. Schließlich ist jede anspruchsvollere Literaturkritik auch ein selbständiges Lesestück, also selber ein literarisches Produkt, dem es auf kritische Unterrichtung und Vergnügen, auf Unterhaltung und Belehrung zugleich ankommen muß. Sie will dem Buch und seinem Autor auch Leser gewinnen, eventuell Vorurteile außer Kraft setzen oder auch von der Lektüre abraten und fruchtlose Zeitverschwendung verhindern. Daher muß die Kritik publikumswirksam geschrieben sein, weil sie sonst nicht oder nur unzureichend aufgenommen würde.

Der Arbeitsgang bei der Fertigstellung einer Rezension zerfällt in zwei große, relativ selbständige Phasen. Die erste Aufgabe des Literaturkritikers ist die Aufnahme, das Verständnis und die Deutung des Buches, das er vor sich hat, und erst die zweite besteht darin, diese Erfahrungen und ihr kritisches Resümee auch mitzuteilen, die Kritik also zu schreiben. Im einzelnen gliedert sich der Arbeitsgang in folgende Stadien:

1. Kursorische Information über den Autor, denn man liest das Buch anders, wenn man weiß, ob es ein Debütant oder ein längst arrivierter Schriftsteller geschrieben hat, ob er aus der DDR kommt oder in der Bundesrepublik aufgewachsen ist, ob er der jungen oder der älteren Generation angehört. Solche Vorinformationen sind also wichtig zur angemessenen Einschätzung des Buches, die sich schließlich mit der Lektüre der ersten Seite schon zu bilden beginnt und dann nachträglich oft nicht mehr oder nur unzureichend zu revidieren ist.

2. Gründliche Lektüre bedeutet für den Anfänger meist (und bei manchen Büchern notwendigerweise) wiederholte oder zumeist in Teilen wiederholte Lektüre. Natürlich liest man mit dem Bleistift in der Hand, um alle wichtig erscheinenden Stellen festzuhalten und sich die später benötigten Informationen zu notieren. Denn am Schluß der Lektüre muß der Kritiker folgende Fragen beantworten können und seine Lesearbeit also entsprechend anlegen:

a) Handlungsfigur(en), wichtige Nebenfiguren?

b) Handlungsverlauf?

c) Zeit und Ort der Handlung?

d) Probleminhalt (Botschaft, Zweck, geistiger Gehalt)?

e) Literarische Darstellungsmittel (z. B. Erzählperspektive, Stil, Wortschmuck, direkte, indirekte Rede, Dialoge, Rückblendungen, innerer Monolog, Montage, Chronologie)?

f) Literaturgeschichtliche Einordnung (Epoche, Gattung, Traditionslinie)?

g) Erste, noch auf der unmittelbaren Leseerfahrung beruhende Deutung und kritische Beurteilung?

3. Sammlung der Argumente und ihre Anordnung. Ein ausgesprochen wichtiges Arbeitsstadium, da es die Rezeption der Kritik reguliert. Nimmt man das Urteil vorweg („Ein derart miserables Buch habe ich selten gelesen..." o. ä.), besteht immer die Gefahr, daß sich der Leser mit diesem Ergebnis begnügt und gar nicht weiter liest oder doch sein Interesse an der Begründung nur mäßig ist. Auch die Fragen, an welcher Stelle der narrative Teil zu plazieren ist, ob die kritische Argumentation in ihn eingreift oder ihm folgt, sind jetzt zu beantworten.

4. Schreiben, also die sprachliche, literarische Verwirklichung der Kritik und die Formulierung des Urteils über das jeweilige Werk. Auf diese vierte Arbeitsphase konzentrieren sich die folgenden Ausführungen und Empfehlungen, denn die ersten beiden Phasen gehören in den Zuständigkeitsbereich einer „Rhetorik des Lesens", die die hermeneutische Wirksamkeit der Rhetorik betrifft – mit großen Einschränkungen auch in den Zuständigkeitsbereich der Literaturwissenschaften, vor allem was die historischen Aspekte der Kritik betrifft. Im übrigen ist freilich das literaturwissenschaftliche Studium an den deutschen Universitäten der Literaturkritik immer noch fremd. Die germanistische Tradition auf der einen, die fragwürdige Orientie-

rung an einem sogenannten modernen, den „exakten Wissenschaften" analogen Wissenschaftsbegriff auf der anderen Seite verhindern eine für alle Seiten fruchtbare Wechselwirkung von literarischem Leben und Universitätsausbildung.

Die dritte Arbeitsphase wurde im Kapitel „Das Finden der Gedanken und ihre Ordnung" generell für alle Formen des Redens und Schreibens dargestellt und muß, mit entsprechenden Modifikationen, auch auf den Bereich der Literaturkritik übertragen werden.

Die vierte Arbeitsphase läßt sich gewiß nur unzureichend generalisieren, weil ihre Gestaltung ganz entscheidend von der Individualität des Kritikers abhängt. Mit der Auflösung der normativen Poetik im 18. Jahrhundert haben auch die Maßstäbe der Kritik ihre Allgemeinverbindlichkeit verloren, ihr Medium ist der individuelle Kritiker geworden, und er allein garantiert die Gültigkeit seines Urteils, die Form seiner Kritik. Unter Kritik ist ein an die individuelle Urteilskraft gebundenes Vermögen zu verstehen, wobei die Subjektivität des Kritikers deren Bedingung ist. Man kann sie üben und ausbilden, doch nicht schematisieren und in diesem Sinne „lernen". Doch können andererseits verschiedene Modelle aufgestellt werden, die variabel und kombinierbar sind, sogar völlig verkehrt werden können, an denen sich aber der Anfänger üben kann und die auf jeden Fall eine mögliche Form der Kritik darstellen, mit deren Hilfe man immer eine Rezension wird anfertigen können.

Grundsätzlich kann man zunächst zwei Begründungsformen unterscheiden, nach denen sich dann auch der Grobaufbau der Rezension richtet:

1. Das literaturkritische Resümee steht am Anfang als eine Behauptung, die dann durch die nachfolgenden Teile der Rezension erwiesen wird (Urteilsbegründung).

2. Das literaturkritische Resümee steht am Schluß und die vorhergehenden Teile stellen eine daraufhin zielende Argumentation dar (Urteilsfindung).

Der erste Fall ist seltener, weil er den Leser leicht durch den naheliegenden Verdacht einer autoritativen Haltung verprellt; zudem besteht die Gefahr, daß seine Aufmerksamkeit erlischt, wenn er bereits nach wenigen Zeilen das Gesamturteil kennt, und möglicherweise erspart er sich dann die Lektüre der Begründung. Ein Ausnahmefall ist gegeben, wenn das kritische Urteil derart kraß den Lesererwartungen (beispielsweise beim Verriß eines allgemein geschätzten Buches) widerspricht, daß sich das Interesse notwendigerweise auf die Begründung eines solchen „Affronts" konzentriert. In der Regel begegnet man dem zweiten Typ, und er ist auch das beste Exempel für den Anfänger, weil Spannung nicht erst hergestellt werden muß, sondern durch die inhaltliche Verlaufsform (Zuspitzung auf das abschließende Urteil) schon gegeben ist.

Das Modell für den Aufbau einer solchen Rezension könnte folgendermaßen aussehen:

1. Einleitung: Sie muß das Interesse des Lesers erwecken und auf den Kern der Sache (der Kritik) hinführen, darf sich also nicht verselbständigen und muß kurz sein. Einige Einleitungsmöglichkeiten:

   a) in medias res, die Einleitung fällt als unterschiedener Teil fort, der Kritiker beginnt nach wenigen Worten mit dem Hauptteil der Rezension.

   b) Autobiographische Informationen, Anknüpfen an bisherige Werke.

   c) Aufmachung des Buches (wenn durch diese etwa falsche Erwartungen geweckt werden oder sie sonst für die Hauptsache der Kritik bemerkenswert ist).

   d) Kulturkritische, politische oder philosophische Reflexionen, sofern sie vom Thema her naheliegen und zu diesem hinführen.

   e) Reflexion über die Gattung (was gehört zu einem Roman, einer Kurzgeschichte?).

   f) Literaturgeschichtliche Pointierung (z. B.: „ein Schelmroman in der Tradition des ‚Felix Krull'").

   g) Charakteristisches Zitat oder Paraphrase einer bezeichnenden und typischen Szene aus dem Buch.

   h) Emotionale Reaktion auf das Buch oder auf Teile desselben.

   i) Erscheinungsanlaß (Jubiläum, Aktualität des Themas)

   j) Zitat aus einem anderen Buch des Autors oder auch aus einem Werk eines anderen Schriftstellers (doch soll man diesen Typ der Einleitung nur in besonders begründeten Fällen nachahmen, da derartige Zitate oft allzu beliebig sind, aus Büchmanns „Geflügelten Worten" oder einem anderen Zitatenlexikon herausgelesen und ohne zwingende Beziehung zum Gegenstand der Kritik.).

2. Erzählung des Inhalts und Formbeschreibung, durch die der Leser alle wichtigen Sachinformationen über das Buch erhalten muß, damit er sich eine genaue Vorstellung von ihm machen kann. Der Kritiker gibt hier die von ihm selber in der zweiten Arbeitsphase vor der Niederschrift (s. o.) gemachten Erfahrungen wieder. Die Erzählung ist natürlich bereits tendenziös, parteilich mit Rücksicht auf das kritische Urteil, das sie begründen helfen soll. Es gibt ausgesprochen kunstvolle Erzählungen und Formbeschreibungen, in denen die Kritik selber schon vollkommen aufgehoben und dargestellt ist, so daß sich jede weitere Argumentation erübrigt. Ein Meister dieser Form von Kritik war zum Beispiel Friedrich Sieburg.[7]

3. Kritische Erörterung und Argumentation mit dem Ziel der literarischen Wertung (Kritik der Darstellungsmittel, Frage der Wahrheit und Wahrscheinlichkeit, gegebenenfalls der psychologischen Glaubwürdigkeit, der Komposition im Großen und Kleinen, kritischer Vergleich mit anderen ähnlichen Werken desselben oder eines anderen Autors, rezeptionsästhetische Reflexionen und Wirkungsintentionalität).

4. Schluß (die letzte Chance, den Leser zu überzeugen), oft in Form einer zusammenfassenden Pointe, eines emotionalen Appells, der auch pathetischen Ton annehmen kann. Viele der unter dem Punkt „Einleitung" oben dargestellten Möglichkeiten lassen sich auch für den Schluß verwenden.

„Die naturgegebene Bedeutungsbeschwertheit des Schlusses verlangt eine mehr oder weniger markante Aussage. Schlechte Rezensenten schließen mit lauter Nebensächlichkeiten, geistvolle bewahren sich eine Pointe fürs Ende, martialische holen zu einem letzten kritischen Schlag aus, ängstliche weichen im letzten Augenblick wieder in eine halbe Zurücknahme des Urteils aus. Knüpft der Schluß noch einmal an einen Gedanken des Anfangs an – einen Gedanken, der durch den Gang der Argumentation eine Vertiefung oder auch Widerlegung erfahren hat –, wird eine Abrundung, Geschlossenheit der Rezension erreicht. Doch kann die innere Logik der Kritik auch in eine Frage drängen oder dazu, daß der Schluß vollends ins Offene weist."[8]

Inhaltserzählung, Formbeschreibung und kritische Argumentation erfolgen natürlich zumeist nicht in dieser schulmäßigen Weise, sondern alternieren, so daß sich ein dauernder und reizvoller Wechsel von erzählenden und reflektierenden Partien ergibt. Diese Form ist freilich auch schwieriger und für den Anfänger weni-

ger gut geeignet, der sich besser zunächst an die etwas schemati-
sche Reihenfolge der Punkte 1 bis 4 hält, sich danach übt und
schließlich von selber zu komplizierteren Formen übergehen wird.

Über das dargestellte Aufbaumodell hinaus gibt es noch einige
allgemeinere Maximen, die man mehr oder weniger getreu bei der
Niederschrift einer Rezension berücksichtigen sollte:

1. Jede gute Rezension besitzt eine Hauptperspektive, einen
   Schwerpunkt, auf den sie hin geschrieben wurde und der die
   Spannung, die „Dramaturgie" der Kritik bestimmt. Der Kritiker soll also nicht alle Momente eines Werkes gleichberechtigt
   behandeln, also gleichsam eines nach dem anderen abhaken,
   sondern sich ein Thema, einen Sachbereich als den Kernpunkt
   auswählen, den er für besonders wichtig hält und der ihn besonders interessiert. Daraufhin sollte er seine Rezension schreiben.

2. Jeder bessere Kritiker sollte sich vor dem Jargon der Buchkritik
   hüten, weil dieser formelhaft und sinnentleert ist und daher weder dem Buch noch dem Adressaten des Werkes gerecht zu
   werden vermag. Als Beispiel für diese Allgemeinplätze seien
   hier Wendungen wie „das Buch eines jungen erfolgversprechen-
   den Autors" oder „eine lebensechte Erzählung" angeführt.

3. Dieses Verdikt gilt gleichermaßen für Klischees und sonstige
   abgegriffene Redensarten, selbst wenn sie der Autor des Buches
   selber verwendet.

4. Der Kritiker sollte nie Schreibweise und Ton des Schriftstellers
   kopieren, über den er schreibt, es sei denn, er verbindet damit
   besondere (etwa parodistische oder entlarvende) Absichten.

5. Man formuliere genau und so ausführlich, wie es das Thema
   erfordert, bemühe sich um eine lebhafte, abwechslungsreiche
   Sprache, guten und klaren Satzbau sowie um treffende, schlagende Beispiele und Bilder. Der Leser will nicht nur belehrt,
   sondern auch unterhalten und gegebenenfalls bewegt werden.

6. Man berücksichtige von vornherein das Medium, in dem die
   Rezension erscheinen soll. Eine Kritik für Funk oder Fernsehen
   wird (und muß) anders aussehen als eine für den Druck bestimmte Rezension, also mehr auf Mündlichkeit, Eingängigkeit
   und Durchsichtigkeit abzielen. Es macht auch Unterschiede, ob
   man für eine Tages- oder eine Wochenzeitung, für ein aufla-
   genhohes Magazin oder ein kleines Verbandsblatt, für eine Li-
   teraturzeitung oder eine kulturelle Monatsschrift schreibt.

7. Gilt es, einen Gedicht- oder Aufsatzband oder eine Sammlung von Erzählungen zu rezensieren, vermeide man das monotone „Abhakverfahren", das in der vorgegebenen Reihenfolge die einzelnen Prosatexte nacheinander und gleichgewichtig erörtert. Dies Verfahren mag bei wissenschaftlichen Rezensionen hier und da am Platze sein, doch wird jede Anthologie ihre qualitativen Unterschiede, Gewichtungen, Schwerpunkte aufweisen, auf welche man ausführlich, andere, auf die man kursorisch und beiläufig Bezug nehmen wird. Übrigens kann gerade auch der Schwerpunkt in der Textsammlung Gegenstand der Kritik sein und von ihr korrigiert werden, indem sie sich besonders dem zu unrecht vernachlässigten Thema widmet und die entsprechenden Beiträge in den Vordergrund stellt.

Übungsaufgaben

1. Lesen Sie die folgende Rezension von einem Gedichtband Sarah Kirschs, und ermitteln Sie die ihr zugrunde liegende Disposition.
2. Welche Argumentationsformen wurden benutzt, wie ist das Verhältnis von narrativen und argumentativen Teilen?
3. Fassen Sie das Urteil über diesen Gedichtband mit eigenen Worten zusammen; stellen Sie die in der Kritik gegebenen Begründungen dafür zusammen.

Alice im Schreckensland
Sarah Kirschs neue Gedichte: „Erdreich"

Als Titel ihres neuen Gedichtbandes hat Sarah Kirsch ein vieldeutiges Wort gewählt, nicht mehr sehr geläufig, aber doch noch in unserem Sprachgebrauch, wo es freilich um seine Ausdruckskraft gebracht wurde. Erdreich – so nennen wir allenfalls noch die Krume, die wir im Garten umgraben, aber auch dafür scheint uns, die wir nur noch die schlichte Rede beherrschen, das Wort meist allzu feierlich. In dieser Diskrepanz spüren wir dann noch etwas von seiner hohen, seiner erhabenen Bedeutung: das Reich der Erde. In der Bibelsprache und verwandten Diktionen klingt es noch so, Nietzsche läßt seinen Zarathustra von Erdreich sprechen und verkehrt den biblischen Gebrauch, wenn er dies Reich emphatisch vom Himmelreich absetzt. Es bedeutet dann nicht mehr bloß eine Raumangabe, sondern auch einen Macht- und Herrschaftsbereich. „Selig sind die Sanftmütigen, denn sie werden das Erdreich besitzen", lautet die dritte

Seligpreisung der Bergpredigt. Entweder die Sanftmütigen, so können, müssen wir im Lichte unserer Erfahrung ergänzen, oder es ist nichts mehr, das noch zu besitzen wäre. Und damit sind wir mitten im Gedicht.

In ihrem neuen Gedichtband begegnen wir einer ganz anderen Sarah Kirsch, als wir sie aus ihren bisherigen Veröffentlichungen zu kennen meinten. Vitalität und Lebensbejahung sind nicht verschwunden, zeigen sich aber auch nicht mehr hochgemut und frohherzig, so von Leidenschaften selbst berauscht; dafür sind die dunklen Töne tiefer geworden und die Bedrohung wird in Dimensionen wahrgenommen, denen gegenüber die subjektive Empfindung immer unangemessen bleiben muß. Der Titel verweist auf diese entschlossene Ausweitung der Perspektive. Das Erdreich, das, worauf wir stehen, das Element, das uns unsere kreatürliche Sicherheit garantiert, ohne daß wir nicht einmal kriechen, geschweige aufrecht gehen könnten, dieser Boden unseres Daseins ist brüchig und unsicher geworden. Wollen wir den Gedichten so buchstäblich glauben, dann war es während einer großen, das halbe Erdreich umspannenden Reise, daß ihrer Autorin diese Erkenntnis aufging. Die ersten beiden lyrischen Reisebilder aus Amerika lassen davon noch wenig ahnen, erst im Nachhinein gewinnen auch schon mehrere ihrer Ansichten eine über die übliche Naturmetaphorik hinausgehende alarmierende Bedeutung. Der „schwarze eisgefesselte See", die „geköpften Tannen" wirken dann wie warnende Vorzeichen, Wegweiser, die alle in eine Richtung zeigen: „Death Valley".

So lautet die Überschrift über einem kleinen Gedichtzyklus aus sechs Stücken, er markiert die Grenze, an die Sarah Kirsch zwar auch früher oft genug gestoßen war, die sie aber noch nie überschritten hatte. Es ist eine Grenze in der Auffassung der Welt, im Umgang mit ihr und zugleich eine lebensgeschichtliche Grenze. Der Übergang gelingt wie im Märchen nur in anderer Gestalt, so daß jetzt Rollengedichte von ihm zeugen:

> Hier ist nicht Disney-Land. Alice
> Steht am Anfang der Wüste, setzt ihren Fuß
> ins geologische Freilichtmuseum
> Lernt in den folgenden Stunden
> Erosion an großen Modellen.

So beginnt es mit einer Warnung. Kein Wunderland nach Disney-Art, eher noch in Carolls Manier, erwartet diese neue Alice, und sehr schnell verwandelt sich das Freilichtmuseum in ein düsteres Orakel der Natur. „Angefressene Hügel", „zerspaltene Canyons", trügerische „Bäche aus Sand", „furchtbare Äcker" voller Disteln unter „wüster kreisender Sonne" – die Erde hat sich verwandelt zum „totenblassen Totenreich", der touristische Abstecher zur Niederfahrt in die Hölle. Und noch eine andere religiöse Erinnerung wird von Sarah Kirsch provoziert, trostreich, so scheint es wenigstens auf den ersten Blick:

> Des Freundes wehendes wildauf gestelltes Haar
> Macht einen hellen Schein in der Wüste. Er späht
> Nach wirbelndem Sand verborgenen Kratern er sucht
> Einen englischen Weg mir vor die Füße.

Alice ist nicht allein in diesem Schreckensland, ihr Zug durch die zur Wüste ausgemergelte Erde steht unter einer engelhaft guten Führung, gleich den Kindern Israel braucht sie nur dem getreuen Vorläufer zu folgen, um nicht zu verderben. Allein das Liebesmotiv, bisher der beherrschende Beweggrund von Sarah Kirschs Lyrik, bleibt doch verhalten, Sicherheit vermittelt es nicht mehr und der Gefühlsaufschwung, den das erhabene Gleichnis aus dem Alten Testament vermitteln soll, wirkt schon erzwungen. Das nächste Gedicht nimmt es zurück, wenn auch im flapsigen Vergleich, mit einem Rest von Trotz:

> Wir flogen schnell dahin fanden
> Nichts in den Dünen und Gott
> Jagt als Sheriff hinter uns her.

Ein vertracktes Bild im Kontext der biblischen Mythologie: denn wenn Gott die Kinder Israels einst führte, ihnen also vorauszog, so haben wir hier die umgekehrte Konstellation mit entgegengesetzter Absicht: das gelobte Land liegt ewig hinter diesen beiden neuen Wüstenwanderern, sie fliehen in die verkehrte Richtung, während das Erdreich unter ihnen zerfällt. Diese apokalyptischen Reiseerfahrungen lassen frühere Versicherungen fragwürdig werden, auch die Liebe stiftet sie nicht mehr, sondern – wird hineingerissen in eine hoffnungslose Flucht.

Die Reise in das Tal des Todes hat Alice bis zur Unkenntlichkeit verändert, was sich als pittoreske Fahrt in ein negatives Wunderland anließ, stellte sich als erschütternde Erkundung des Erdreichs im Zustande seines Todes heraus; ein Blick hinter die Kulissen und das Entsetzliche war, daß Alice dabei auch sich selber sah. Die Albtraumreise erschien ihr plötzlich als Abbreviatur ihrer Lebensreise „in dieser elenden Fremde dem Jammertal", alle bisherigen Überzeugungen und Haltungen sind darüber ins Wanken geraten, der ganze Status ihrer Person hat sich verändert. Die religiöse Metaphorik und Gleichnisrede, die sich durch diese Gedichte zieht, bekommt nun einen weiteren Sinn, sie sollen eine persönliche Erfahrung ausdrücken, die in der modernen wissenschaftlich bestimmten Welt keine Sprache mehr hat: den Übergang von einer Lebensphase in die nächste, das Erreichen einer neuen Seinsweise, die mit der Erschütterung aller bisherigen Vertrautheit, dem Aufkündigen alter Bindungen und Einverständnisse, also mit dem Erlebnis von Tod und Vergänglichkeit einher geht, ohne daß schon ausgemacht wäre, was als Neues an die Stelle des Alten treten wird. Das letzte Gedicht aus dem Tal des Todes gilt daher einer sehr vagen, ja wohl von vornherein vergeblichen Hoffnung und sieht

eher wie ein letzter Versuch aus, die umwälzenden Reiseerfahrungen
durch Bagatellisierung zu bannen:

> Und später in Deutschland
> Hat sie den Blick hinter die Spiegel
> Vergessen, würde sie wieder
> Ihr hübsches kleines Leben führen
> Mit Kind und Blumentöpfen

Man braucht kein prophetisches Vermögen um zu sagen, daß daraus
nichts wird, die heimatliche Nische in der verheerenden Natur- und Weltgeschichte hat sich inzwischen in Luft aufgelöst. Der Reisende bringt
mehr als bloß ein paar Souvenirs für die Schreibtischschublade mit, und
wenn sie dem „Gefühl großer Vergänglichkeit" darunter auch eine leere
Pralinenschachtel vorbehalten hat, wird sie bald merken, daß es sich dabei
um eine andere Pandora-Büchse handelt. Ihr Ausflug hinter den Spiegel
hat ihr schließlich nicht die verkehrte Welt gezeigt, sondern die vertraute
aufgedeckt – nie wird sie den Anblick der Zerstörung vergessen können!
    Das merkt sie noch in Amerika, das Tal des Todes erstreckt sich bis in
die Hauptstätten der Zivilisation, „Krähen von Adlergröße die furchtba-
ren Tiere" begleiten die Highways, im Chinesischen Hotel beginnt schon
am Morgen „ein schreckliches Schleifen / Schlürfen und Schleppen /
…vor der Tür" und wohin man blickt verdorrte Blumen, Wasser, das im
Untergrund versickert, namenlose Bäume, die wie Urweltriesen aus men-
schenloser Zeit herüberragen, aber nicht Zeugen der Vergangenheit, sondern Vorzeichen der Zukunft scheinen. Selbst kleine Erlebnisse gewinnen
nun eine unheilvoll weittragende Bedeutung, der verlorene Autoschlüssel
macht einen Sonntag zum schwarzen Tag, der „Chevrolet vom schwarze-
sten Schwarz / Wir hielten ihn glatt für einen Leichenwagen". Was hat
die Reisende solchen Zeichen und Mirakeln noch entgegenzusetzen? Immerhin eine burschikose Sprache, saloppe Kommentare („Black ist beauti-
ful"), Witz und – natürlich – schwarzen Humor. Das ist nicht wenig und
auf jeden Fall genug für die Übergangszeit, aber Dauer läßt sich daraus
nicht gewinnen. „Die Verwandlung" heißt ein Schlüsselgedicht:

> …Ich spüre mich nicht.
> Alles verdunkelt sich nun. Es gibt
> Keinen Halt für die flatternden Augen
> In dieser wahnsinnigen Stadt, und Tränen
> Fallen mir auf die Erde; ich kotze Hals über Kopf
> Erlöst in den Rinnstein.

Das nächste Gedicht beginnt mit der Zeile: „Ganz zerschunden bin ich
zurückgekehrt", zerschunden, aber erneuert, wie sich zeigen wird, wenn
die Folgen auch bitter sind.
    Die Konfrontation mit dem Fremden (auch dem Fremden in sich sel-

ber) im fremden Land hat die Augen geöffnet für die Fremde daheim und überall in der Welt. Wie je ein Reisender, hat auch diese Alice ihre Unschuld verloren und mit ihr jedes naive Vertrauen. Gewiß, an vielem hat sie auch früher schon gelitten, hat Klage geführt über den Verlust ihres Landes, über Zerstörungen und Verwüstungen, auf die ihr Auge fiel. Aber nun gibt es zwischen allen diesen Erfahrungen, den kleinen und großen Erlebnissen einen Zusammenhang. Der Weg nach Berlin „ein schwarzer Tunnel", Niemandsland, man kann Landschaften vorüberfliegen sehen, aber es ist der Prospekt eines unbelebten toten Landes in das nur verschlossene Türen führen. Ob große oder kleine Erlebnisse, die Spuren finden sich überall. „Das Unkraut die einfachen Blumen / Waren seit langer Zeit / Aufgebrochen die Gräber zu schleifen." So viele Krähen, so viele „Boten vom Styx", Ratten steigen aus Gullys „triefende Tiere ohne Hoffnung im Blick", „Tal des Todes ist überall", aussichtslos, ihm entgehen zu wollen, längst hat es sich ausgebreitet über das gesamte Erdreich, „in den Vorzimmern der Macht", auf den herrlichen Thronen, wo die Greise zittern „und befürchten noch die eigene Brut", ganz oben und ganz unten, ganz fern und ganz nah; aber das schlimmste von allem, selbst die Natur, dieses Substrat allen Lebens ist unverläßlich geworden. Kein Ort mehr, wohin Menschen sich in Glück und Qual zurückziehen können. Den Wunschtraum von einem unberührten, wildwüchsigen Naturraum durchkreuzen „verschlungene Träume von Entsorgungsanlagen", die herrliche Wiese, „unbegehbar von Moorn umschlossen", ist doch schon versehrt durch „unser Wünschen, wir in gewöhnlichen / Kuhweiden stehend voll Sehnsucht": „Beginn der Zerstörung" ist das Gedicht überschrieben, das mit diesen Versen endet; und dann – was ist mit dem Erdreich vor unseren Füßen geschehen?

Ganz harmlos beginnt das Titelgedicht, wie aus der Werkstatt eines Naturlyrikers der fünfziger Jahre: „Nachrichten aus dem Leben der Raupen", aber dann sind es böse Nachrichten, die sich dort unten zusammenbrauen. Mit kunstvoller Selbstverständlichkeit verfällt die Sprache wieder in biblische Ausdrucksweise: „in meines Vaters Garten", heißt es weiter, „Gab es die siebfachen Plagen / Höllisches Ungeziefer nicht." Wohin das Auge Sarah Kirschs jetzt blickt, entdeckt es vielsagende Realsymbole und Realallegorien, die alle auf eine einheitliche Unheilsgeschichte verweisen: „was müssen die Menschen / Das Erdreich beleidigt haben". Zweideutig wie vorher in der Wüste wirkt nun der Engel auch bei seinem abermaligen Auftritt, „den gelben Kanister/Über die stockfleckigen Flügel geschnallt." Erdreich und Menschenreich stehen sich gegenüber, das eine schickt Plagen, das andere antwortet mit giftsprühenden Boten. Biblisches Pathos, selbst wenn es sogleich parodistisch gebrochen wird („Der himmlische Daumen im Gummihandschuh / Senkt das Ventil und es riecht / Für Stunden nach bitteren Mandeln."), die beißende Unangemessenheit der Bildbereiche, reißt ein alltägliches Geschehen in den Strom einer apoka-

lyptischen Geschichte. Deshalb sind diese Gedichte aufklärend, sie geben
Ereignissen eine Dimension zurück, die sie durch Gewohnheit verloren,
die ihnen durch unsere Blindheit vorenthalten wurde, und sie machen den
Motor dieser Geschichte namhaft: die gefallenen Engel sind wir selber,
komisch anzuschauen mit unseren Geräten und Gummihandschuhen,
aber so unheilvoll wie nur irgendein jenseitiges Wesen, der Geruch nach
bitteren Mandeln bringt es an den Tag. Andere Gleichnisse sagen dasselbe, das vom Forstgehilfen, der einen Waldbrand legt, und ihn dann unter
Einsatz aller Kräfte, doch vergeblich zu löschen versucht, oder jenes von
den Jägern, die einander „in sanfter Entrücktheit" erlegen.

Vergleichbare Gedichte wurden lange nicht in deutscher Sprache geschrieben. Es gehört Mut dazu, wieder von sich abzusehen, selbst nach
solchen Erschütterungen dem Unheil treu zu bleiben, es nicht zu bagatel-
lisieren, ihm eine reiche, eine kräftige, auch eine erhabene Sprache zu geben, aber die Erhabenheit wieder zu zerstören, wenn die Banalität der Ursachen hervortreten soll. Es gehört noch ein größerer Mut dazu, die Ero-
sionen bis in die eigene Lebensgeschichte zu verfolgen und nun nicht in
Selbstmitleid, in die vielgeliebten pauschalen Anklagereden oder in künstlich hergestellte und gepflegte Gefühlsverwirrungen auszuweichen. Diese
Gedichte sind welthaltig, weil sie die Welt – eine Welt der Vergänglichkeit, des Todes, des Zerfalls – durch das Medium der Ferne auch in der
nächsten Nähe entdeckt haben, und sie sind zugleich eine unerhörte Feier
der Subjektivität, weil sie dem Bann des Schrecklichen Widerstand leisten,
weil sie eine Sprache, eine mächtige Sprache und eine beißende Sprache
gefunden haben, die sich nicht einschüchtern läßt, und weil sie schließlich
ein Ausdruck jenes widersinnigen Lebensmuts geworden sind, an dem sie
mit immer neuem Staunen, aber hartnäckig festhalten:

> Und wir leben unser unwahrscheinliches
> Abenteuerliches Leben korrigieren die Fünf
> Das Kind geht zur Schule wir pflanzen Bäume
> Hören den Probealarm die ABC-Waffen-Warnung
> Kennen die Reden der Militärs aller Länder.[9]

G) Die Reportage

1. Herkunft, Entwicklung und Funktion

Die zwanziger und frühen dreißiger Jahre, darüber herrscht Einverständnis in der Geschichtsschreibung dieser Gattung, verzeichnen den später nicht mehr erreichten Höhepunkt der Reportage, nicht nur nach ihren Vertretern (E. E. Kisch, Alfred Polgar, Joseph Roth, Heinrich Hauser, Franz Jung, Arthur Koestler, Ernest Hemingway, George Orwell und viele andere), sondern auch nach der literatur-theoretischen Reflexion. Ob Georg Lukács oder Bert Brecht, Siegfried Kracauer, Walter Benjamin oder Sergei Tretjakov, die Reflexion von Form, Aufgabe, Mittel und ästhetischer Einschätzung entsprach ihrer realen Bedeutung. „Seit mehreren Jahren genießt in Deutschland die Reportage die Meistbegünstigung unter allen Darstellungsarten, da nur sie, so meint man, sich des ungestellten Lebens bemächtigen könne",[1] schrieb Siegfried Kracauer 1929 mit kritischem Unterton und pointierte damit auch zugleich den wichtigsten Anspruch. Doch ist die Reportage viel älter als ihr Name, denn der Augenzeugenbericht ist seit der Antike (Thukydides, Plinius) ein wichtiges Informationsmittel, das auch immer wieder literarisch bedeutsam geworden ist.

Seit dem 16. Jahrhundert beginnt mit den ersten gedruckten Zeitungen eine Art öffentliches Nachrichtenwesen, in dem sich die Formen jenes Genres herausbilden, das wir heute Reportage nennen. Begründet und gefördert wurde die Entwicklung durch die für diese literarische Kunstfertigkeit zuständige Disziplin, durch die Rhetorik. Ein Lehrer der Beredsamkeit ist es denn auch, der eine der ersten theoretisch wohlfundierten Reflexionen über das neue Medium verfaßt hat: Christian Weise mit seinem 1676 in lateinischer Sprache veröffentlichten „Interessanten Abriß über das Leben von Zeitungen". Er notierte ein wachsendes Informationsbedürfnis in den verschiedensten Berufen durch die „bemerkenswerten Veränderungen in fast jedem Monat"[2] und erwähnte ferner die Wirkungsintention des Unterhaltens, die neben dem Lehren, der Vermittlung neuer Erkenntnisse, gleichberechtigt bestehen bleibt. Die bürgerliche Aufklärung hat dann auch erste Höhepunkte der Reportage zu verzeichnen, Namen wie Georg Friedrich Rebmann, Georg Forster und Joachim Heinrich Campe sind hier zu nennen, die eine Tradition bürgerlich-revolutionärer Reportageliteratur begründen, die im 19. Jahrhundert in der Vormärz-Literatur und vor allem im Werk Ludwig Börnes kulminiert. Obwohl der Reportage seit den sechziger Jahren auch in der Literaturwissenschaft größere Beachtung geschenkt wird, greifen die meisten Darstellungen zu kurz, beschränken sich fast ausschließlich auf die Reportage im 20. Jahrhundert[3] oder nehmen die rhetorische Tradition, aus der die Gattung wächst, gar nicht wahr.[4]

Gerade weil die für die Reportage konstitutive rhetorische Tradition vernachlässigt wurde und wird, fällt auch ihre angemessene Einordnung und literarische Wertung bis heute so schwer. Während die einen in ihr eher eine Gebrauchsform sehen wollen, zur schnellen Information und Aktualität verpflichtet, auf sofortige Wirkung bedacht und immer dem Besonderen verhaftet, rechnen sie die anderen zur Kunstliteratur, weil sie literarische Techniken und Methoden verwendet, die Fakten nicht bloß wiedergibt, sondern ihnen zu einer intensiven Wirkung verhilft und somit eigentlich den Modellfall einer realistischen Schreibweise verkörpert. Namen wie Karl Otten, Joseph Roth, Egon Erwin Kisch werden als Zeugen solcher Kunstreportagen aufgeboten. In der Tat ist der Streit müßig, wenn man nämlich von einem rhetorisch bestimmten Literaturbegriff ausgeht, der nicht nur die ästhetisch anspruchsvolle Form, sondern ebenso die Wirkungsintentionalität des einzelnen Werkes umfaßt und im übrigen schon immer die Reportage eingeschlossen hatte: als Darlegung und Schilderung der natürlichen Beweise und Belege, die vom Redner nicht selber praktiziert, sondern von außen der Rede eingefügt wurden. Die Doppelfunktion von Belehrung und Unterhaltung (zu der die Rührung hinzutreten kann) haben diese Berichte immer gehabt, und sie konnten sich auch schon immer von ihrer aktuellen Bedeutung lösen und jenen Kunstcharakter bekommen, den viele an der Durchschnittsreportage in unseren Massenmedien vermissen. Kein Zweifel kann auch daran bestehen, daß die Reportage gerade für die moderne Literaturentwicklung sehr wichtig geworden ist; um es wenigstens anzudeuten: von Sinclair Lewis und John Don Passos, von Ernest Hemingway und Bertolt Brecht bis zu Truman Capote, Heinar Kipphardt oder Peter Weiß reicht die Liste der Schriftsteller, die in diesem Zusammenhang genannt zu werden verdienen. Darüber hinaus gibt es kaum einen Roman, kaum eine längere Erzählung, worin nicht wenigstens reportagehafte Partien auszumachen wären. Die Reportage wird hier oft gerade wegen ihrer Wirklichkeit verbürgenden Funktion bewußt als Kunstmittel eingesetzt – wie das besonders spektakulär in dem 1938 von Orson Welles (nach H. G. Wells' „The war of the worlds") in New York inszenierten Hörspiel geschah, in dem ein Reporter die Landung von Marsbewohnern auf der Erde und ihren Vernichtungsfeldzug so „authentisch" wiedergab, daß panische Reaktionen in der Bevölkerung die Folge waren.

2. Formen und Mittel der Reportage

Nach ihren Gegenständen können verschiedene Reportagearten (Stadt-, Landschafts-, Reise-, Personen-, Sozial- und Ereignisreportage) unterschieden werden, doch wird man diese selten in reiner Ausprägung finden; die Unterschiede zwischen Reise-, Stadt- oder Landschaftsreportage sind ebenso fließend wie die zwischen Sozial- und Stadtreportage. Es gibt zwar Interessenschwerpunkte, doch (wie in der Lebenswirklichkeit, auf die die Reportage sich richtet) keine genau abgrenzbaren Stoffbereiche.

Die Darstellung der objektiven Realität als erfahrene und erfahrbare Tatsache mit allen wichtigen Details ist das Hauptmittel der Reportage, nicht etwa ihr Zweck. Der Autor muß diese Realität also selber genau beobachten, gegebenenfalls erforschen, und er kann dies nur in seltenen Fällen vom Schreibtisch aus tun. Das Finden der Gedanken, die inventorische Forschung, modern gesprochen: das Recherchieren des Tatsachenmaterials, nimmt also einen sehr viel größeren Raum ein und ist mit sehr viel mehr Zeit verbunden, als das viele andere Prosaformen verlangen. Der Autor muß sich selbst an Ort und Stelle begeben, denn nur seine authentische Erfahrung garantiert die Glaubwürdigkeit seines Werks. Doch damit nicht genug, er benötigt zumeist auch Hintergrundinformationen. Wenn er zum Beispiel eine Sozialreportage über eine Ausländerstraße in einer deutschen Großstadt schreiben will, genügt der reine Augenschein nicht, er wird sich vielmehr statistisches Material besorgen, bei den zuständigen Behörden (Sozialamt, Kulturamt, Polizei, Arbeitsamt usw.) weitere Informationen sammeln, Interviews mit den Bewohnern der Straße und angrenzender Gebiete führen, möglicherweise auch (etwa in Archiven oder lokalgeschichtlichen Publikationen) um Daten und

Fakten bemüht sein. Bevor er am Ort selber recherchiert, sollte er
bereits so gründlich über das Themenumeld informiert sein, daß
ihm die richtige Einschätzung seiner Beobachtungen und Erfahrungen möglich ist; das heißt in unserem Falle über die Geschichte des Gastarbeiterzuzugs in die Bundesrepublik, über vergleichbare, noch heute nachwirkende frühere Erscheinungen (der
„Fremdarbeiter" früherer Zeiten), über allgemeine ökonomische
und soziale Zusammenhänge bei diesem Problem, über seine juristische, auch völkerrechtliche Dimension, schließlich über die Situation der Herkunftsländer, die dortigen Lebensbedingungen,
die kulturellen, familiären, religiösen Umstände.

Je umfassender und intensiver der Gegenstand erforscht wurde,
desto sachkundiger wird die Reportage ausfallen und desto beleh-
render vermag sie zu wirken. Doch erschöpft sich ihr Zweck natürlich nicht in der bloßen Wiedergabe von Tatsachen, durch die
auch selten unmittelbar Erkenntnisse vermittelt werden.

„Die richtige Reportage begnügt sich ja nicht damit, einfach Tatsachen
darzustellen; ihre Schilderungen ergeben stets einen Zusammenhang, dek-
ken Ursachen auf, rufen Folgerungen hervor... Jedoch die Verknüpfung
der Tatsachen und ihrer Zusammenhänge, also auch des Besonderen und
Allgemeinen, des Individuellen und des Typischen, des Zufälligen und des
Notwendigen ist hier prinzipiell anders gestellt als in der gestaltenden
Dichtung. Die Tatsache, der individuelle Fall wird in der guten Reportage
in voller Nacherlebbarkeit, konkret und individuell dargestellt, zuweilen
sogar gestaltet. Dieser dargestellte, eventuell gestaltete Einzelfall ist aber
hier nur Beispiel, Illustration für den allgemeinen, mehr oder weniger wissenschaftlich, jedenfalls aber begrifflich dargelegten, belegten (statistisch
unterbauten), mit Verstandesgründen motivierten allgemeinen Zusammenhang. Denn die Reportage will nur verstandesgemäß davon überzeugen, daß die Folgerungen, die sie aus den Tatsachen zieht, richtig sind...
Die Konkretheit der Reportage, wie jeder begrifflichen (wissenschaftlichen) Reproduktion der Wirklichkeit, wird erst mit der begrifflichen Auf-
deckung und Darlegung der Ursachen und Zusammenhänge vollendet."[5]

Die Grundlage jeder Reportage ist die subjektive Erfahrung. Sie
äußert sich im Produkt als die besondere Form der Auswahl, Verknüpfung und Perspektive, durch welche die Materialsammlung
erst zur Reportage werden kann. Trotz aller sachlich-objektgemä-
ßen Orientierung ist die Darstellung also notwendigerweise sub-
jektiv, ja parteilich, und sie muß dies in offener und ehrlicher
Weise sein, damit sie der Leser oder Hörer in Frage stellen kann.

Doch ergibt sich hier eine Schwierigkeit, die schon Egon Erwin Kisch sehr bestimmt umrissen hat:

„Der Reporter hat keine Tendenz, hat nichts zu rechtfertigen und hat keinen Standpunkt. Er hat unbefangen Zeuge zu sein und unbefangene Zeugenschaft zu liefern, so verläßlich, wie sich eine Aussage geben läßt, – jedenfalls ist sie (für die Klarstellung) wichtiger als die geniale Rede des Staatsanwalts oder des Verteidigers. Selbst der schlechteste Reporter, – der, der übertreibt oder unverläßlich ist, leistet werktätige Arbeit, denn er ist von den Tatsachen abhängig, er hat sich Kenntnis von ihnen zu verschaffen, durch Augenschein, durch ein Gespräch, durch eine Beobachtung, eine Auskunft. Der gute braucht Erlebnisfähigkeit zu seinem Gewerbe, das er liebt. Er würde auch erleben, wenn er nicht darüber berichten müßte."[6]

Kisch weiß natürlich, daß eine objektive Berichterstattung nicht möglich ist, daß aber eine ideologisch unumstößlich fixierte, gar wirklich an eine politische Partei gebundene Position die Wirksamkeit des Reportage-Autors einschränkt, seine Glaubwürdigkeit auf die Gesinnungsgenossen begrenzt und in der Tat meistens eine sachangemessene Auffassung der Wirklichkeit verhindert. Daher verlangt er zwar nicht Objektivität, aber doch Offenheit, die Suspension vorgefaßter Meinungen und Urteile und deren Korrektur an der Sache und durch sie. Wer aufklären will, muß bereit sein, sich selbst durch die Erfahrung aufklären zu lassen, sonst verliert seine Reportage an Glaubwürdigkeit. Denn deren Wirkungszweck ist eben nicht die bloße Reproduktion von Tatsachen, sondern die Erkenntnis ihrer Begründungszusammenhänge und Motive, die Aufklärung des Lesers über die oftmals verdeckten Ursachen bestimmter Erscheinungen, über ihr Zusammenspiel, ihre weitreichenden Implikationen und möglichen oder tatsächlichen Folgen.

Dieser Aufklärungszweck stellt an den Schriftsteller klare Anforderungen, denn er muß sein Publikum erreichen, es für ein bestimmtes und ihm vielleicht sogar gleichgültiges oder schlimmstenfalls widriges Thema interessieren, das Interesse wachhalten und beschleunigen, um schließlich vielleicht neue Erkenntnisse, Verhaltensänderungen, praktische Handlungen zu induzieren. Der Reportage-Gegenstand befindet sich also dem Publikum gegenüber in einem der fünf klassischen Vertretbarkeitsgrade, die die Rhetorik ursprünglich aus Rechtsfällen entwickelt hat:
1. Das Thema (in unserem Fall das Thema der Reportage) ent-

spricht den Erwartungen und der ideologischen Haltung des Publikums (etwa bei einer Parteizeitung), auf dessen Zustimmung und Wohlwollen der Autor daher von Anfang an rechnen kann. Er darf zwar nun das Thema (will er auch gelesen werden) nicht so darstellen, daß er seine Adressaten brüskiert oder auch nur langweilt, kann aber in der Wahl der Kunstmittel relativ sparsam sein.

2. Das Publikum interessiert sich nicht für das Thema oder hält es für banal und abwegig, so daß seine Aufmerksamkeit erst gewonnen und auch späterhin oftmals neu gefesselt werden muß. Ein häufig vorkommender, bei einem gemischten Zeitungspublikum sogar üblicher Fall, der vom Schriftsteller eine sehr viel höhere Kunstfertigkeit und den verstärkten Einsatz literarischer Überzeugungsmittel verlangt.

3. Das Publikum ist dem Thema gegenüber unentschieden, weiß nicht, wie es sich dazu stellen soll, weil die Gewichte pro und contra, für Befassung oder Nichtbefassung, für die eine oder andere Alternative etwa gleich groß sind; es ist also am Thema zwar interessiert, sein Zugang zu ihm aber durch Unentschiedenheit blockiert. Zur Überwindung dieser Haltung sind wiederum literarisch-künstlerische Mittel unerläßlich.

4. Alle Kunstfertigkeit und rhetorische Überzeugungskraft wird dem Autor abverlangt, wenn das Thema den Leser überrascht, schockiert, anwidert, wenn alle seine Vorurteile davon aufgerührt und seine ganze Lebensansicht in Frage gestellt werden.

5. Das gilt auf andere Weise auch für den letzten, dem Reportage-Autor aber selten begegnenden Fall, der gegeben ist, wenn sein Gegenstand unverständlich oder für den Leser jedenfalls nur unter größten Anstrengungen durchschaubar ist.

Nach den Vertretbarkeitsgraden des Themas richtet sich schon die Anordnung des Materials, die Ausführlichkeit, mit der man es darstellen möchte, aber natürlich auch die Schreibweise. Der einfache, nüchtern-pragmatische Bericht-Stil ist nur eine (extreme) Möglichkeit der sprachlichen Darstellung, und wenn auch keine Reportage auf ihn verzichten kann, gerade um der Wirkung willen (als Ausweis der Sachlichkeit, Zeichen der Authentizität), so kann es auch keine bei ihm bewenden lassen.

„Kurz, gerade die Wahrheit verlangt, in ihrer angemessenen Fülle wie pädagogischen Vermittlung, daß sie nicht nur ist und wird, sondern auch scheint... Die Wahrheit lockt nicht, gewiß nicht, aber sie wirbt und betrifft; sie blendet nicht, aber sie gräbt sich auf die Dauer ein – gerade die Wahrheit ist voll Figur. Ein rechter Tag geht prangend auf, die Zeit, die ihn künstlich bleichte, ist vorbei. Nichts über den materiellen Logos, über die Dialektik der Materie, aber die Menschenmaterie ist nicht aus Stein."[7]

So wird gerade der Aufklärung bezweckende Reportage-Schriftsteller die ganze Palette der Schreibweisen benutzen, vom sachlich-nüchternen schmucklosen bis zum affekthaften, bilderreichen, hinreißenden Stil. Die Reportage bedient sich aller rhetorischen Überzeugungsmittel, besonders aber der auf Sinnfälligkeit und exemplarische Klarheit zielenden.[8] Als Besonderheit zu nennen wären hier nur noch zwei weitere, im klassischen rhetorischen System so nicht vorkommende, aber gerade von der Reportage kultivierte literarisch-künstlerische Möglichkeiten: die Montage und die Verfremdung.

Montage meint die nicht diskursive, sondern assoziative, ja sogar zufällig und gewaltsam scheinende Zusammenfügung der Elemente, eine Kombination von Gegenständen, die sich fern oder fremd scheinen, die durch die unvermutete Nachbarschaft nun aber eine andere Bedeutung bekommen oder dadurch ihre wahre Bedeutung erst preisgeben. Dafür ein Beispiel aus einer Sozialreportage, das die filmische Prägung dieses literarischen Verfahrens besonders anschaulich zeigt:

„Die breite Hauptstraße. Autos fahren vorbei. Ein- und Zweispänner kommen. Menschen, weiß, bunt, in Seide, im Frack, sitzen darin, lachen, winken, beugen sich heraus. Die anderen – Fußgänger, Damen mit Hunden auf den Armen, Herren mit Aktenmappen und Spazierstöcken, gemessen, langsam – sehen nach den Autos, den Kutschen, grüßen, bleiben stehen, sprechen. ‚Maschienenaktien auf achthundert gestiegen!' ‚Kohlenaktien stehen noch besser!' Man notiert, geht in Bars und Cafés, unterschreibt – der Tag ist finanziert! Es ist die Stunde der vornehmen Welt. Sie beherrscht die Straße, begrüßt den Tag, amüsiert sich und macht ihre Geschäfte. Aus der Nebenstraße kommt ein Takt – langsam – aber er kommt näher. Die Menschen horchen auf. Lorgnette fliegen hoch, Kutschen halten, elektrische Wagen klingeln, Autos hupen rasend. Alles stockt, nur der Takt bleibt. Er wird fester, bestimmter, schwillt an. Aus der Nebenstraße biegt ein Zug von zwanzigtausend ausgesperrten Metallarbeitern. Einer geht voran. Er hat eine weiße Binde am Arm. Seine großen, glanzlosen Augen sehen in die staunenden Menschen hinein. Er sieht durch alle hindurch. Die Staunenden sind wie gebannt von seinem Blick. Sie fassen um ihre Stöcke, in ihre Steuerräder, in ihre Zügel. Sie ducken

ihre Schädel, ihre Körper liegen zurück wie zum Sprunge, aber es fehlt ihnen irgendeine Kraft."[9]

Verfremdung bezeichnet nun nicht, wie Montage, ein besonderes
literarisches Mittel, sondern eine Darstellungsweise, eine Einstellung und Perspektive auf die Gegenstände, die durch bestimmte
Mittel erreicht oder besonders intensiviert wird. So kann zum Beispiel durch Montage auch eine verfremdende Wirkung erzielt
werden. In einem allgemeinen Sinne ist jede literarische Darstellung vertrauter Zusammenhänge verfremdend, insofern sie durch
Überführung in ein anderes Medium distanzierend wirkt.

„Der ‚Verfremdungseffekt' geschieht jetzt als Abrückung, Verlegung eines Vorgangs, Charakterisierung aus dem Gewohnten, damit er als weniger selbstverständlich betrachtet werden könne. Wonach gegebenfalls die
Schuppen von den Augen fallen – exempla docent, doch eben nur indirekt. Nicht zuletzt soll dadurch gerade die heimische Entfremdung ge-
merkt werden, mit Umweg als kürzestem Weg, mit einer Bereitung durch
Entlegenheit, die als Sache nun freilich weit älter ist als ihr Wort."[10]

Bloch nennt auch eines dieser älteren Beispiele: Shakespeares
„Hamlet" (II, 2), wo durch das verfremdende Stück im Stück, das
„Mausefalle" heißt, die Wahrheit über die Ermordnung von Ham-
lets Vater an den Tag kommen soll. Mittel solcher Verfremdung
kann die Ironie ebenso sein wie das Gleichnis, die Verkleinerung
wie die Vergrößerung, das epatierende Beispiel wie der plötzliche
Redeabbruch oder die bewußt unangemessene Stilwahl.

Schon von der Publikationsweise her (Zeitschrift, Zeitung) muß
sich der Umfang der Reportage meist in engen Grenzen halten,
Kürze und Beschränkung auf das Wesentliche sind daher die all-
gemeinsten formalen Erfordernisse. Man darf nicht zuviel, aber
auch nicht zuwenig erzählen, das heißt: nicht numerische Vollständigkeit ist beabsichtigt, sondern die Mitteilung aller in Hinblick auf den Zweck (Aufklärung, Belehrung, Kritik, Anklage)
notwendigen Teile, die zur Kenntnis des Gegenstandes notwendig
sind. Noch weniger als bei den bisher betrachteten Formen münd-
licher und schriftlicher Rede kann man für die Reportage allgemein gültige Gliederungsprinzipien angeben, doch immerhin lassen sich modellhaft einige Möglichkeiten skizzieren, an die man
sich halten kann, um dann später andere Varianten zu entdecken.
Die Lektüre klassischer Reportagen, wie sie in einigen Sammelbänden vorliegen, ist dabei nützlicher als eine Vielfalt abstrakter

Modelle. Oberster Maßstab bei der Wahl der Form ist auch hier der der Angemessenheit an Gegenstand, Zweck, Publikum und Publikumsmedium. Viele Themen legen von sich aus ein bestimmtes literarisches Vorgehen nahe; so wird man ein Geschehen eher sukzessiv, einen Ort eher additiv, eine Person eher gesprächsweise „reportieren", doch Regeln lassen sich auch daraus nicht ableiten, weil gerade die unerwartete Behandlung eines Themas im Sinne einer Verfremdung erkenntnisfördernd sein kann.

3. Aufbau der Reportage

1. Einleitung

Eine selbständige Einleitung wird oft wegfallen können. Die in medias res-Form ist am häufigsten bei Reportagen zu beobachten. Wählt man eine besondere Einleitungssequenz, so gilt als allgemeine Regel, daß der Eingang immer aus dem Innersten der Sache, die man darstellen will, genommen werden sollte, um einen von außen herangetragenen Einstieg zu vermeiden. Die Gestaltungsmöglichkeiten sind vielfältig, doch gibt es einige für die Reportage charakteristische Einleitungen:

a) Beschreibung des Handlungsortes, der Situation, in der sich der Berichterstatter befindet, der politischen, sozialen oder kulturellen Lage, in die das Ereignis eingebettet ist. Dabei muß man sich jedoch vor zu großer Ausführlichkeit und Umständlichkeit hüten, so daß man skizziert, nicht aber ausmalt.

b) Anrede des Lesers, besonders geeignet für personenbezogene Reportagen, um eine Gesprächssituation herzustellen.

c) Bedeutsames, den Reportagezweck bezeichnendes Detail, eine signifikante Einzelerfahrung, ein kennzeichnendes Indiz.

d) Das filmische Prinzip der Totale, darauf die Verringerung der Distanz, so daß man den Gegenständen nun einzeln „auf den Leib rückt". Also der Gesamteindruck am Anfang, darauf im Hauptteil die Zerlegung in die Details. Diese Eingangsform ist besonders beliebt bei Landschafts-, Stadt- und Reisereportagen, aber auch bei Ereignissen (Umzügen, Demonstrationen), die sich räumlich weit erstrecken.

e) Zitat frappierender, wirkungsvoll darstellbarer statistischer Angaben oder sonstigen dokumentarischen Materials, das in nuce bereits die wichtigsten Tatsachen des Berichts enthält.

f) Allgemeine, politische, philosophische, kulturkritische Reflexion, die durch die folgende Reportage konkretisiert wird, doch ist dabei besonders auf eine überraschende, Aufmerksamkeit weckende Formulierung zu achten, da die Allgemeinheit dieser Einleitungsform eher abschreckend und langweilig wirkt.

2. Bericht des Geschehens, Beschreibung des Gegenstandes, Darstellung der Person

Man Beginnt mit dem Stadium des Geschehensablaufs, der für die Reportageabsichten von Belang ist, nicht etwa mit der Vorgeschichte der Handlung. Dies sollte nur besonderen Ausnahmefällen vorbehalten bleiben.

Der Hauptteil des Berichts enthält die Gesamthandlung, in sukzessive Teilhandlungen (oder zum Beispiel bei der Landschaftsreportage das Ganze in seine Aufbauteile) zerlegt, wodurch das Geschehen sinnfälliger und eindringlicher wirkt.

Den Abschluß bildet der letzte Teilvorgang, der für die Gesamthandlung hier von Interesse ist. Er muß nicht etwa mit ihrem tatsächlich letzten Stadium zusammenfallen, tut das sogar in der Regel nicht. Der Schluß sollte mit größtmöglicher Eindringlichkeit gestaltet werden, um die nachhaltigste Wirkung zu erzielen. Zudem ist es die letzte Möglichkeit für den Autor, sein Publikum entsprechend seinen Intentionen zu beeinflussen.

Neben der oben angeführten Möglichkeit gibt es eine Vielzahl anderer Gliederungsprinzipien, von denen einige nachstehend vorgestellt werden:

a) nach dem Schema des Dramas: Exposition – Steigerung durch erregende Momente – Höhepunkt – fallende Handlung;

b) antithetisch nach dem gegensätzlichen Verhältnis der Gegenstände (oder der Meinungen über sie);

c) nach dem Veränderungsprozeß des Gegenstandes selber (etwa bei Industriereportagen über ein Produkt);

d) chronologisch, dem Tageslauf oder der Ereignisfolge entsprechend;

e) episodisch, wobei deutlich zwischen der Hauptepisode (auf die alles hinlaufen soll) und den Nebenepisoden unterschieden werden muß; dabei muß jede Episode aussagekräftig sein und als Teil des Ganzen erscheinen.

3. Reportageschluß

Der Abschluß der Reportage ist meist das Ende des Handlungsberichts, doch gibt es Ausnahmefälle, in denen sich der Autor nochmals (resümierend, pointierend, provokativ oder relativierend) an den Leser wendet, ringkompositorisch zum Anfang zurückblendet oder die Absicht der Reportage sentenziös zugespitzt zu erkennen gibt. Eine derartige Schlußpassage stellt allerdings an den Autor auch sprachlich besonders hohe Anforderungen.

4. Das Bild in der Reportage

Die hier beschriebenen Formen der Reportage beziehen sich auf die literarische Gattung Reportage, nicht auf ihre Weiterentwicklung in Funk und Fernsehen. Doch ist die Übung in der literarischen Reportage allemal notwendig, bevor man sich der Funk- und Fernsehreportage zuwendet, die sich vor allem durch die Verwendungsweise des dokumentarischen Materials (Einblendung von Originalton und Originalbild), durch Schneidetechnik und schließlich durch alle filmischen Wiedergabemöglichkeiten (z. B. Verwendung von Zeitlupe und Zeitraffer, Kameraführung, Überblendung) von der literarischen Reportage, auf der sie im übrigen aufbaut, unterscheidet. Auf sie kann in diesem Zusammenhang zwar nicht näher eingegangen werden, doch können manche Kapitel und einige Empfehlungen auch für diese Aufgabe herangezogen werden, besonders die Erörterungen über Rolle und Funktion der außerliterarischen Zeichen (signa) für die Rede, die Darstellung des Rundfunkfeatures, insofern manches dort für die akustischen außersprachlichen Mittel Gesagte auch für deren optische Pendants gilt; schließlich treffen die Überlegungen über Stellenwert und Funktion der faktischen Elemente in der Reportage allgemein auch die Aufgabe des Bildes im besonderen zu.

Die Bildreportage in Magazin- oder Illustriertenform ist inzwischen längst neben die rein literarische Reportage getreten und ihr an Publikumsbeliebtheit gewiß weit überlegen. Was bei den Anpassungszwängen im journalistischen Gewerbe inzwischen dazu geführt hat, dem Bild überhaupt die wichtigste Funktion zuzumessen. Nach dem Zeugnis eines Journalisten habe ihm der Chefredakteur bei Antritt seiner Stelle und zu Beginn seiner Berufslaufbahn den Merksatz auf den Weg gegeben: „Was Sie schreiben, interessiert den Leser nicht. Wie Sie das Foto reden lassen, darauf kommt es an!"[11] So bedenkenswert der zweite, so töricht ist der erste Satz, auch wenn er eine beglaubigte Erfahrung ausspricht. Denn nicht allein der objektive Publikumsbezug, sondern auch die Wirkungsintention entscheidet die journalistische Praxis, und wer seinen Lesern stets das Futter anbietet, nach dem sie gerade verlangen, ist bloß der Knecht des Zufalls, der wechselnden Bedürfnisse und zumeist noch gewissenlos: Denn niemals nehmen die Adressaten einem Autor die Verantwortung dafür ab, was er ihnen liefert.

Reden und Schreiben sind Betätigungen der menschlichen Urteilsfunktion; der Begriff, ihre historisch entscheidende Errungenschaft, entstand durch Abstraktion von der sinnlich-bildlichen Erfahrung. Der Zusammenhang von Menschlichkeit und Sprache, die Rolle der Sprachentwicklung im Bildungsprozeß, in der Aufklärung des Menschen über sich selber, seine historische Wirklichkeit, seine politischen und sozialen Aufgaben – diese Momente bestimmen die von ihren Ursprüngen her rednerisch fundierte europäische Kultur. Wer das vollkommenste Organ der Vernunft: die Sprache, preisgibt, hat sich auch gegen die Vernunft entschieden und betreibt (vielleicht sogar mit dem besten Gewissen) in Wahrheit die Geschäfte der Gegenaufklärung.

Daraus ergeben sich für das Bild in der Reportage folgende Funktionen, nach denen Auswahl, Ausschnitt, Plazierung und Anzahl zu richten sind:

a) als Illustration von exemplarischer Bedeutung zur Veranschaulichung der Rede;

b) zur Vereindringlichung und damit insbesondere zur emotionalen Stimulierung: Das Bild einer Hinrichtung wird immer geballter und unmittelbarer wirken als ihre Beschreibung;

c) als zusätzliche sachliche Information, die den Text entlastet;

d) als die eigene bildliche Sprache der Realität, die es, weil noch unbegriffen, bewußt zu machen gilt.

Erst wenn das Bild in dieser prinzipiell gleichberechtigten Form zur Rede erscheint, kann man im eigentlichen Sinne von Bildreportage sprechen. Das Bild übernimmt dann einen selbständigen Part im Diskurs der Reportage, es tritt der Sprache gegenüber gleichsam als sprachloser, doch bedeutungsvoller Gesprächspartner auf. Ein Teil der Rede geworden, repräsentiert es deren sinnlich-bildhafte Qualitäten und bleibt doch auf die Sprache angewiesen, ohne welche es ewig in die vor- oder teilrationale, verworrene Erfahrung gebannt wäre. An die Stelle der Unterordnung ist damit ein Verhältnis wechselseitiger Abhängigkeit getreten, das nun auch dadurch nicht beeinträchtigt werden darf, daß die Sprache bloß noch als Bildunterschrift, in erläuternder Funktion auftritt. Den obersten Zweck der Reportage, Realität bewußt zu machen, vermag zwar die Sprache, doch nie das Bild allein zu erfüllen. Im Film sieht das etwas anders aus, der ja so etwas wie eine Bildersyntax entwickelt hat und damit der vernünftigen Wirksamkeit der Sprache näher kommt als das Einzelbild: Nach der sprachphilosophischen Einsicht, daß „die Sprache der symbolische Ausdruck *par excellence*' (ist), und alle anderen Kommunikationssysteme ‚sind von ihr abgeleitet und setzen sie voraus.'"[12]

Übungsaufgabe

Verfassen Sie eine Berufsreportage! (Wählen Sie dazu einen der seltener gewordenen handwerklichen Berufe, so daß Ihrer Reportage auch eine zusätzliche kulturhistorische Funktion zukommt; also etwa Korbflechter, Schuhmacher, Küfner, Schneider, doch müssen Vertreter davon in Ihrer Stadt noch vorhanden sein.)

Beschreiben Sie in einem Vorspann die Vorarbeiten, die nötig waren. (Wie sind Sie zu den Informationen gelangt? Welche Bücher haben Sie zu Rate gezogen? Welche Interviews gemacht? usw.)

Beschreiben Sie die darauf folgenden Arbeitsgänge: Auswählen und Ordnen des Materials, formale Überlegungen, sprachliche Probleme.

Schreiben Sie die Reportage. Sie soll für eine mittlere Tageszeitung (wie „Rheinische Post" oder „Stuttgarter Zeitung") geeignet sein, die Ihnen für Ihre Arbeit etwa eine Zeitungsseite (etwa 8–10 Schreibmaschinenseiten) zur Verfügung stellt.

Nachwort

Dieses Einführungs- und Übungsbuch ist aus der praktischen Arbeit an der Universität entstanden und verdankt den Einführungskursen viel, die zum Standardprogramm des Studiengangs „Allgemeine Rhetorik" an der Universität Tübingen gehören. Sie stehen gerade hier in einer bis in Neuzeit und Gegenwart reichenden Tradition, welche durch Ludwig Uhlands „Stilistikum" und die „Creative-writing"-Seminare markiert wird, die Walter Jens seit Jahrzehnten hält. Ich danke meinen Mitarbeitern am Seminar für Allgemeine Rhetorik für die Hilfe bei der Fertigstellung des Manuskripts, allen voran Herrn Wilhelm Hilgendorff, der die Anmerkungen durchgesehen, das Literaturverzeichnis zusammengestellt und mir zu manchem trefflichen Beispiel verholfen hat.

Tübingen, Januar 1985   *Gert Ueding*

Anmerkungen

Einleitung: Von der praktischen Beredsamkeit und ihrer Theorie

1 Vgl. Helmut Schanze: Einleitung zu: Ders. (Hg.): Rhetorik. Beiträge zu ihrer Geschichte in Deutschland vom 16.–20. Jahrhundert. Frankfurt a. M. 1974. S. 16.

2 Beck, Ingo: Untersuchungen zur Theorie des Genos symboleutikon. Phil. Diss. Hamburg 1970. S. 35.

3 Cicero, Marcus Tullius: Der Redner. Brutus. Übers. v. Julius Sommerbrodt u. Wilhelm Binder. München o. J. XII, 45, S. 128.

4 Giebel, Marion: Einleitung zu: Quintilian, Marcus Fabius: Über Pädagogik und Rhetorik. Eine Auswahl aus der „Institutio oratoria". Übertragen, eingel. u. erl. v. Marion Giebel. München 1974. S. 16f.

5 Vgl. Walter Jens: Rhetorik. In: Reallexikon der deutschen Literaturgeschichte. Hg. v. P. Merker u. W. Stammler. Bd. 3. Berlin, New York ²1972. S. 432.

6 Lemmermann, Heinz: Lehrbuch der Rhetorik. Redetraining mit Übungen. München ¹⁰1982. S. 7.

7 Flake, Otto: Marquis de Sade. Mit einem Anhang über Rétif de la Bretonne. Frankfurt a. M. 1976. S. 140.

A) Voraussetzungen des wirkungsbezogenen Schreibens und Redens

1 Vgl. Helmut Rahn: Vorwort zu: Marcus Fabius Quintilian: Ausbildung des Redners. Lat. u. dt. Hg. u. übers. v. H. Rahn. 2 Bde. Darmstadt 1972 u. 1975. Bd. 1, S. XI–XVI.

2 Vgl. Marcus Tullius Cicero: De oratore. Über den Redner. Lat. u. dt. Übers. u. hg. v. Harald Merklin. 2., durchges. u. bibl. erg. Aufl. Stuttgart 1981. III. 210–212, S. 579ff. (Alternativ wird wegen der stellenweise eingängigeren Übersetzung die Kühner-Ausgabe zitiert; vgl. Anm. B, 1.)

3 Quintilian, Marcus Fabius: Über Pädagogik und Rhetorik. Eine Auswahl aus der „institutio oratoria". Übertragen, eingel. u. erl. v. Marion Giebel. München 1974. IV, 2, 116ff.

4 Ebd. XII, 10, 61.

5 Adorno, Theodor W.: Minima moralia. Reflexionen aus dem beschädigten Leben. Frankfurt a. M. 1964. S. 45.

6 Heinrich Lersch: Welch eine Faszination. In: Friedrich G. Kürbisch (Hg.): Dieses Land schläft einen unruhigen Schlaf. Sozialreportagen 1918–45. Berlin, Bonn 1981. S. 176.

7 Gottsched, Johann Christoph: Ausführliche Redekunst (Leipzig 1736). Nachdr. Hildesheim 1973. S. 35.

8 Quintilian, Marcus Fabius: Ausbildung des Redners. Lat. u. dt. Hg. u. übers. v. Helmut Rahn. 2 Bde. Darmstadt 1972 u. 1975. Bd. 1, I, 5, 1, S. 61.

9 Der Große Duden. Bd. 4: Duden-Grammatik der deutschen Gegenwartssprache. Hg. v. der Dudenredaktion unter Leitung v. Paul Grebe. Mannheim ²1966. S. 28.

10 Zit. n. „test". Zeitschrift der Stiftung Warentest 19 (1984), Nr. 12, S. 8.

11 Cicero, Marcus Tullius: De oratore. Über den Redner. II, 56, S. 241.

12 Heine, Heinrich: Reisebilder. 2. Teil. Hamburg 1827. S. 228.

13 Gadamer, Hans-Georg: Wahrheit und Methode. Tübingen ⁴1975. S. 521. Die vorliegenden Ausführungen sind der zitierten Darstellung von Gadamer verpflichtet.

14 Vgl. dazu besonders Ernst Bloch: Experimentum mundi. Gesamtausgabe Bd. 15. Frankfurt a. M. 1975. S. 90f.

15 Gadamer: Wahrheit und Methode. S. 252.

16 Ebd. S. 345.

17 Studien zur Sozialgeschichte und Philosophie der Bildung. Bd. I: Zur Pädagogik der Aufklärung. Hg. v. Heinz-Joachim Heydorn u. Gernot Koneffke. München 1973. S. 10f.

B) Die Ermittlung der Gedanken und ihre Ordnung

1 Cicero, Marcus Tullius: Vom Redner (De oratore). Übers. v. Raphael Kühner. München o. J. II, 102–104, S. 164f.

2 Gadamer: Wahrheit und Methode. S. 18.

3 Cicero: Vom Redner. II,306, S. 237f.

4 Ebd. II,130–131, S. 172f.

5 Cicero: De oratore. Über den Redner. II,116, S. 279.

6 Vgl. dazu William Shakespeares Drama „Julius Cäsar".

7 Cicero: Vom Redner. II,116, S. 168.

8 Quintilian: Ausbildung des Redners. Bd. 1, V,8,4–5, S. 541.

9 Aristoteles: Rhetorik. Hg. v. Franz G. Sieveke. München 1980. II,19,1393a, S. 133.

10 Vgl. Dieter Breuer: Schulrhetorik im 19. Jahrhundert. In: Helmut Schanze (Hg.): Rhetorik. Beiträge zu ihrer Geschichte in Deutschland vom 16.–20. Jahrhundert. Frankfurt a. M. 1974. S. 145–179.

11 Bornscheuer, Lothar: Topik. Frankfurt a. M. 1976. S. 43.

12 Hallbauer, Friedrich Andreas: Anweisung zur verbesserten teutschen Oratorie. 1725. Nachdr. Kronberg 1974. Vorrede.

13 Vgl. Francis Bacon: Neues Organ der Wissenschaften. Übers. u. hg. v. Anton Theobald Brück. Leipzig 1830. Nachdr. Darmstadt 1981.

14 Vico, Gian Battista: De nostri temporis studiorum ratione. Vom Wesen und Weg der geistigen Bildung. Lat. u. dt. Übers. v. Walter F.

Otto, m. e. Nachw. v. C. Fr. von Weizsäcker u. e. erl. Anh. v. Fritz Schalk. 1947. Nachdr. Darmstadt 1974. S. 31 u. 33.

15 Vgl. Marcus Tullius Cicero: Rhetorik oder Von der rhetorischen Erfindungskunst. Übers. v. Wilhelm Binder. Stuttgart o. J. und Quintilian: Ausbildung des Redners. Bd. 1, IV,4–V,14.

16 Quintilian: Ausbildung des Redners. Bd. 1, V,10,103, S. 587 u. 589.

17 Cicero: Rhetorik oder Von der rhetorischen Erfindungskunst. S. 37.

18 Quintilian: Ausbildung des Redners. Bd. 1, V,10,24, S. 557.

19 Knigge, Adolph Freiherr von: Über den Umgang mit Menschen. Hg. v. Gert Ueding. Frankfurt a. M. 1977. S. 284.

20 Vgl. Quintilian: Ausbildung des Redners. Bd. 1, V,10,24–25, S. 557.

21 Anonym: Erzieher der Jugend. In: Der Spiegel 38 (1984), Nr. 37, S. 94f.

22 Vgl. Quintilian: Ausbildung des Redners. Bd. 1, V,10,25, S. 557.

23 Aristoteles: Tierkunde. Hg. u. übertragen v. Paul Gohlke. Paderborn 1949. S. 134.

24 Belotti, Elena Gianini: Was geschieht mit kleinen Mädchen? München ⁶1977. S. 155.

25 Quintilian: Ausbildung des Redners. Bd. 1, V,10,25, S. 557.

26 Lessing, Gotthold Ephraim: Erziehung des Menschengeschlechts. Werke in drei Bänden. Bd. III. Hg. v. G. Göpfert. München, Wien 1982. S. 640.

27 Quintilian: Ausbildung des Redners. Bd. 1, V,10,25, S. 557.

28 Jens, Walter: Der letzte Bürger: Thomas Mann. In: Ders.: Republikanische Reden. Frankfurt a. M. 1979. S. 128f.

29 Vgl. Quintilian: Ausbildung des Redners. Bd. 1, V,10,26, S. 557.

30 Promies, Wolfgang: Georg Christoph Lichtenberg in Selbstzeugnissen und Bilddokumenten. Reinbek bei Hamburg 1964. S. 7f.

31 Goethe, Johann Wolfgang von: Wilhelm Meisters Lehrjahre. Sämtliche Werke. Artemis Gedenkausgabe Bd. 7. Hg. v. Ernst Beutler u. Mitarb. zahlr. Fachgelehrter. Zürich 1949. S. 297.

32 Quintilian: Ausbildung des Redners. Bd. 1, V,10,26, S. 557.

33 Vgl. Anm. 21.

34 Frenzel, Karl: Edgar Allan Poe (1868). In: Deutsche Essays. Prosa aus zwei Jahrhunderten in 6 Bänden. Ausgew., eingel. u. erl. v. Karl Rohner. Bd. 3: Klassiker des deutschen Essays II. München 1972. S. 183.

35 Hochhuth, Rolf: Vorwort zu: Ernest Hemingway: Gesammelte Werke. Bd. I. Reinbek bei Hamburg 1982. S. 8.

36 Werz, Günter: Bubi konnte nicht ohne Helga und Helga konnte nicht ohne Bubi sein. In: Schwäbisches Tagblatt v. 22. 1. 1985, Nr. 18.

37 Quintilian: Ausbildung des Redners. Bd. 1, V,10,30, S. 559.

38 Polgar, Alfred: Stücke und Spieler (Über Franz Werfels Schauspiel „Schweiger"). Ja und Nein. Schriften des Kritikers. Berlin 1926. Bd. II, S. 81.

39 Quintilian: Ausbildung des Redners. Bd. 1, V,10,32, S. 559.

40 Ebd. Bd. 1, V,10,33, S. 561.

41 Ebd.

42 Loest, Erich: Völkerschlachtdenkmal. Hamburg 1984. S. 5 u. 280.

43 Fontane, Theodor: Stadt oder Land. Werke und Schriften. Bd. 23: Bekenntnisse, Lebensweisheiten, Gelegenheitsgedichte. Hg. v. Walter Keitel u. Helmuth Nürnberger. Frankfurt a. M., Berlin, Wien 1979. S. 273.

44 Marsh, Ngaio: Donnerstag Premiere. Bern, München 1977. S. 167.

45 Anonym: Schlechte Welt. (Rezension von: Thomas Brockmann: Schummeln – aber richtig. Frankfurt a. M. [3]1984) In: Der Spiegel 38 (1984), Nr. 12, S. 92.

46 Chandler, Raymond: Der Bleistift. In: Ders.: Gefahr ist mein Geschäft und andere Detektivstories. Übers. v. Hans Wollschläger. Zürich 1980. S. 215.

47 Vgl. Quintilian: Ausbildung des Redners. Bd. 1, V,10,36, S. 561.

48 Schoreit, Armin: Verwaltungsstreit um Kriminalakten. In: Neue Juristische Wochenschrift 38 (1985), H. 4, S. 170.

49 Schiller, Friedrich von: Don Carlos. Sämtliche Werke. Bd. I: Dramen I. Hg. v. Jost Perfahl u. m. Anm. v. Helmut Koopmann. Stuttgart o. J. S. 496.

50 Quintilian: Ausbildung des Redners. Bd. 1, V,10,87, S. 581.

51 Vgl. ebd.

52 Sieburg, Friedrich: Was soll aus ihr werden? (Über Françoise Sagans Roman „In einem Monat, in einem Jahr") In: Ders.: Zur Literatur 1957–1963. Werkausgabe Hg. v. Fritz J. Raddatz. Stuttgart 1981. S. 70f.

53 Bloch, Ernst: Über Heterogonie der Zwecke. Gesamtausgabe. Bd. 10: Philosophische Aufsätze zur objektiven Phantasie. Frankfurt a. M. 1969. S. 431.

54 Aristoteles: Rhetorik. III,13,1, S. 202f.

55 Ebd. III,13,4,1414b, S. 203f.

56 Quintilian: Ausbildung des Redners. Bd. 2, VII,Vorrede,7, S. 3.

57 Ebd.

58 Cicero: De oratore. Über den Redner. II,307, S. 405.

59 Vgl. dazu die ausführliche Darstellung in Heinrich Lausberg: Handbuch der literarischen Rhetorik. Eine Grundlegung der Literaturwissenschaft. 2., durch e. Nachtrag verm. Aufl. München 1973. §§ 443–452, S. 241–247.

C) Der Schreibprozeß: rhetorische Techniken zur sprachlichen Verarbeitung

1 Cicero: De oratore. Über den Redner. I,142, S. 121. Dieses Bearbeitungsstadium der Rede wird in der Rhetorik als „elocutio", als Theorie des sprachlichen Ausdrucks bezeichnet.

2 Bornscheuer: Topik. S. 93f.

3 Quintilian: Ausbildung des Redners. Bd. 2, VII,Vorrede,21–23, S. 133.

4 Lichtenberg, Georg Christoph: Schriften und Briefe. Bd. 1: Sudelbücher. Hg. v. Wolfgang Promies. München 1968. S. 653.

5 Vgl. Heinrich von Kleist: Über die allmähliche Verfertigung von Gedanken beim Reden. Sämtliche Werke. Hg. v. Helmut Sembdner. München ³1964. Bd. 2, S. 319–324.

6 Quintilian: Ausbildung des Redners, Bd. 2, VIII,3,2, S. 151.

7 Schiller, Friedrich von: Über die notwendigen Grenzen beim Gebrauch schöner Formen. Sämtliche Werke. Hg. v. G. Fricke u. H. G. Göpfert. Bd. 5: Erzählungen/Theoretische Schriften. München ²1960. S. 682.

8 Quintilian: Ausbildung des Redners. Bd. 2, VIII,6,1, S. 217.

9 Ebd. IX,1,3, S. 251.

10 Ebd. IX,1,7–8, S. 253.

11 Vgl. dazu etwa neben dem bereits erwähnten Band von Heinrich Lausberg folgende Titel:
Alwin Binder u. a.: Einführung in Metrik und Rhetorik. 3., erg. u. verb. Aufl. Königstein/Ts. 1980;
Heinrich F. Plett: Einführung in die rhetorische Textanalyse. 4., erg. Aufl. Hamburg 1979;
Leonid Arbusow: Colores rhetorici. Hg. v. H. Peter. 2., durchges. u. verm. Aufl. Göttingen 1963.

12 Frisch, K. v.: Vorwort zu: Aus Gottfried Kellers glücklicher Zeit. Gottfried Keller im Briefwechsel mit Marie und Adolf Exner. Hg. v. J. Smidt. Zürich 1981. S. 13.

13 Vgl. Heinrich Lausberg: Handbuch der literarischen Rhetorik. §§ 453–1077, S. 248–518. Lausberg handelt in diesem Paragraphen den gesamten Bereich der elocutio ab. Er unterscheidet zwischen Tropen, Wort- und Gedankenfiguren, die nach den vier möglichen Änderungskategorien Überschuß (adiectio), Defizit (detractio), Anordnung (ordo) und Ersatz/Übertragung (immutatio) geordnet und unterteilt werden.

14 Vgl. Aristoteles: Rhetorik. III, 10,2–7 u. 11,1–15, S. 189–199, und Quintilian: Ausbildung des Redners. Bd. 2, VIII,6,4–18, S. 219–225.

15 Quintilian: Ausbildung des Redners. Bd. 2, VIII,6,8–9, S. 221.

16 Ebd. Bd. 2, VIII,16,19, S. 225.

17 Abraham a Sancta Clara: Die schlimmen Eheleut. In: Deutsche Barocklyrik. Eine Auswahl. Hg. u. eingel. v. Herbert Cysarz. 2. erw. Aufl. Stuttgart 1962. S. 90. Auf einen vollständigen Nachweis aller Zitate, die in den vorliegenden Ausführungen als illustrierende Beispiele für einzelne Figuren dienen, ist verzichtet worden.
18 Störig, Hans Joachim: Kleine Weltgeschichte der Philosophie. München 1963. S. 362.
19 Goethe, Johann Wolfgang von: Die Wahlverwandtschaften. Sämtliche Werke. Artemis Gedenkausgabe Bd. 9. Hg. v. Ernst Beutler u. Mitarb. zahlr. Fachgelehrter. Zürich 1949, S. 42.
20 Ebd.
21 Bloch, Ernst: Abschied von der Utopie? Vorträge. Hg. u. mit e. Nachw. vers. v. Hanna Gekle. Frankfurt a. M. 1980. S. 71f.
22 Polgar, Alfred: Bücher. Kleine Schriften. Bd. 4: Literatur. Hg. v. Marcel Reich-Ranicki in Zus. m. Ulrich Weinzierl. Reinbek bei Hamburg 1984. S. 249.
23 Quintilian: Ausbildung des Redners. Bd. 1, V,11,6, S. 599.
24 Bloch, Ernst: Abschied von der Utopie? S. 74.
25 Flake, Otto: Die erotische Freiheit. Berlin 1978. S. 42f.
26 Quintilian: Ausbildung des Redners. Bd. 2, IX,2,29–31, S. 281.
27 Stahr, Adolf: Goethes Frauengestalten. Berlin 1875. S. 13.
28 Cicero: De oratore. Über den Redner. II,292, S. 395–397.
29 Cicero, Marcus Tullius: Rede gegen Verres. Zit. n. Quintilian: Ausbildung des Redners. Bd. 2, VIII,4,4, S. 191.
30 Polgar, Alfred: Joseph Roth „Radetzkymarsch". Kleine Schriften. Bd. 4. S. 141.
31 Bloch: Abschied von der Utopie? S. 137.
32 Poser, Michael von: Der abschweifende Erzähler. Rhetorische Tradition und deutscher Roman im achtzehnten Jahrhundert. Bad Homburg, Berlin, Zürich 1969. S. 104.
33 Polgar, Alfred: Vom Sinn des Buchreferats. Kleine Schriften. Bd. 4. S. 310f.
34 Kisch, Egon Erwin: Stille Nacht, heilige Nacht. Reportagen. Ausw. u. Nachw. v. Erhard Schütz. Stuttgart 1978. S. 24f.
35 Kisch, Egon Erwin: Bei Ford in Detroit. Reportagen. S. 104f.
36 Aristoteles: Rhetorik. II,21,1394a, S. 136.

D) Einfache Formen des Sachberichts

1 Dyck, Joachim: Über das Schreiben von Protokollen. Unveröffentliches Ms. Oldenburg 1980. S. 1f.
2 Müller, Adam: Zwölf Reden über die Beredsamkeit und deren Verfall in Deutschland. Mit e. Essay u. e. Nachw. v. Walter Jens. Frankfurt a. M. 1967. S. 37.

3 Ebd. S. 37.
4 Gellert, Christian Fürchtegott: Gedanken von einem guten deutschen Briefe. In: Ders.: Belustigungen des Verstandes und Witzes. Leipzig 1742. S. 178.
5 Sling (d. i. Paul Schlesinger): Richter und Gerichtete. Neu eingel. u. kommentiert v. Robert M. W. Kempner. München 1969. S. 101.

E) Formen der gesprochenen Rede am Beispiel der Festrede und des Radiofeatures

1 Cicero: De oratore. Über den Redner. III,213, S. 581.
2 Ebd. III,221, S. 587.
3 Cicero: Vom Redner 3,XVI,61, S. 277.
4 Cicero: De oratore. Über den Redner. III,216, S. 583.
5 Ebd. III,220–221, S. 585 u. 587.
6 Quintilian: Ausbildung des Redners. Bd. 2, XI,3,146, S. 663.
7 Vgl. dazu Baldesar Castiglione: Das Buch vom Hofmann. Übers. v. Fritz Baumgart. Bremen 1960.
8 Knigge, Adolph Freiherr von: Über den Umgang mit Menschen. Hg. v. Gert Ueding. Frankfurt a. M. 1977. S. 407.
9 Elertsen, Heinz: Moderne Rhetorik. Rede und Gespräch im technischen Zeitalter. Neubearb. v. Willfred Hartig, 9., durchges. Aufl. Heidelberg 1982. S. 94.
10 Lausberg: Handbuch der literarischen Rhetorik. S. 129f.
11 Vgl. Quintilian: Ausbildung des Redners. Bd. 1, III,7,1–28, S. 349–359.
12 Zit. aus einem Werbeprospekt der Kurverwaltung Langeoog. 1985.
13 Quintilian: Ausbildung des Redners. Bd. 1, III,7,27–28, S. 359.
14 Quintilian: Ausbildung des Redners. Bd. 2, VII,3,3, S. 59.
15 Polgar: Karl Kraus (Nachruf). Kleine Schriften. Bd. 4. S. 48.
16 Müller: Zwölf Reden über die Beredsamkeit. S. 35.
17 Auer-Krafka, Tamara: Die Entwicklung des westdeutschen Rundfunk-Features von den Anfängen bis zur Gegenwart. Wien 1980. S. 28.
18 Andersch, Alfred: Versuch über das Feature. In: Rundfunk und Fernsehen. 1 (1953), S. 95.
19 Lindner, Johann Gotthelf: Kurzer Inbegriff der Aesthetik, Redekunst und Dichtkunst. 2 Bde. Königsberg u. Leipzig 1771 u. 1772. S. 160f.
20 Ehlers, M.: Betrachtungen über die Sittlichkeit der Vergnügungen. 2 Bde. Flensburg, Leipzig 1779. Bd. 1, S. 123.
21 Thomasius, Christian: Von dem Studio der Poesie (Kapitel 8 der „Höchstnötigen Cantelen"). In: Deutsche Literatur in Entwicklungsreihen. Reihe Aufklärung. Bd. 1. Hg. v. Fritz Brüggemann. S. 125.

22 Schmid, Christian Heinrich: Theorie der Poesie nach den neuesten Grundsätzen... Leipzig 1767. S. 31.

23 Mendelssohn, Moses: Gesammelte Schriften. Hg. v. F. Bamberger. u. a. Stuttgart 1972. Bd. III,1, S. 18.

24 Engel, J. J.: Der Philosoph für die Welt. 1. Theil. Carlsruhe 1783. S. 117f.

25 Blanckenburg, Friedrich von: Literarische Zusätze zu Sulzers Theorie. 3 Bde. Leipzig 1796–98. Bd. I, S. 642.

26 Garve, Christian: Über Gesellschaft und Einsamkeit. 2 Bde. Breslau 1800. Bd. I, S. 19.

27 Ebd. Bd. I, S. 20.

28 Ebd. Bd. II, S. 341.

29 Ebd. Bd. II, S. 340.

30 Schmidt, Arno: Dya na sore. Karlsruhe 1958. S. 231.

31 Ebd. S. 15.

F) Formen der schriftlichen Rede am Beispiel der Literaturkritik

1 Aritoteles: Rhetorik. I,3,1,1358a–b, S. 20f.

2 Müller: Zwölf Reden über die Beredsamkeit. S. 64f.

3 Cicero: Vom Redner. 2,XXX,131, S. 173.

4 Vgl. ebd. besonders 2,XXXIX,162ff., S. 183f.

5 Quintilian: Ausbildung des Redners. Bd. 1, III,3,5ff., S. 291f.

6 Unter „Waschzettel" wird vom Verlag die auf den Innenfalz des Umschlags oder auch die in den eigenen Prospekten gedruckte Anpreisung des Buches verstanden. Er ist meist mit kurzen Inhaltsangaben, Informationen über den Autor und lobenden Würdigungen versehen.

7 Vgl. Friedrich Sieburg: Zur Literatur. Bd. 1: 1924–1956. Bd. 2: 1957–1963. Hg. von Fritz J. Raddatz. Stuttgart 1981. Die umfangreiche Sammlung bietet eine Fülle von anschaulichen und treffenden Beispielen für die in diesem Kapitel beschriebenen Hinweise und Techniken der Literaturkritikschreibung. Grundsätzliche Überlegungen und entsprechende Exempla finden sich ferner in den Sammelbänden von Marcel Reich-Ranicki: Literarisches Leben in Deutschland (München 1965), Literatur der kleinen Schritte. Deutsche Schriftsteller heute (Frankfurt a. M., Berlin, Wien 1971), Lauter Verrisse (erw. Neuausgabe München 1984).

8 Hinck, Walter: Germanistik als Literaturkritik. Zur Gegenwartsliteratur. Frankfurt a. M. 1983. S. 39f.

9 Um urheberrechtlichen Verwicklungen zu entgehen und doch nicht darauf zu verzichten, eine gegenwartsbezogene Kritik als Exempel zu zitieren, habe ich eine eigene Rezension hierhergesetzt. Sie ist am Samstag, den 24. April 1982, in der Tiefdruckbeilage der Frankfurter Allgemeinen Zeitung (Nr. 95) erschienen.

G) Die Reportage

1 Kracauer, Siegfried: Schriften. Bd. 1. Frankfurt a. M. 1971. S. 216.
2 Zit. nach Karl Kurth (Hg.): Die ältesten Schriften für und wider die Zeitungen. Die Urteile des Christophorus Besoldus (1629), Ahasver Fritsch (1676), Christian Weise (1676) und Tobias Peucer (1690) über den Gebrauch und Mißbrauch der Nachrichten. Brünn, München, Wien 1944. S. 75.
3 Vgl. etwa Christian Siegel: Die Reportage. Stuttgart 1978.
4 Vgl. etwa Michael Geisler: Die literarische Reportage in Deutschland. Möglichkeiten und Grenzen eines operativen Genres. Königstein/Ts. 1982.
5 Lukács, Georg: Reportage oder Gestaltung? Kritische Bemerkungen anläßlich eines Romans von Ottwalt. In: Schriften zur Literatursoziologie. Neuwied u. Berlin ⁴1970. S. 126–128.
6 Kisch, Egon Erwin: Der rasende Reporter. Berlin 1930. Vorwort. S. 9f.
7 Bloch, Ernst: Kritik der Propaganda. In: Ders.: Vom Hasard zur Katastrophe. Politische Aufsätze aus den Jahren 1934–1939. Mit e. Nachw. v. Oskar Negt. Frankfurt a. M. 1972. S. 197.
8 Vgl. das Kapitel F) dieses Studienbuches. Die dort dargestellten Schreibhinweise gelten mutatis mutandis auch für den Verfasser einer Reportage.
9 Kläber, Kurt: 20 000 ausgesperrte Metallarbeiter (Deutschland 1925). In: Dieses Land schläft einen unruhigen Schlaf. Sozialreportagen 1918–45. Ein Lesebuch. Hg. v. Friedrich G. Kürbisch. Berlin, Bonn 1981. S. 63.
10 Bloch, Ernst: Entfremdung, Verfremdung. Gesamtausgabe Bd. 9: Literarische Aufsätze. Frankfurt a. M. 1965. S. 278.
11 Meyer, R. u. H. Bäuerlein: Praktischer Journalismus. Ein Lehr- und Lesebuch. München 1972. S. 217.
12 Jakobson, Roman: Aufsätze zur Linguistik und Poetik. München 1974. S. 176.

Literaturverzeichnis

Andersch, Alfred: Versuch über das Feature. In: Rundfunk und Fernsehen 1 (1953), H. 1, 2. 94–97.

Arbusow, Leonid: Colores Rhetorici. Eine Auswahl rhetorischer Figuren und Gemeinplätze als Hilfsmittel für akademische Übungen an mittelalterlichen Texten. 2., durchges. u. verm. Aufl. Hg. v. Helmut Peter. Göttingen 1963.

Aristoteles: Rhetorik. Übers., mit e. Bibliographie, Erläuterungen u. e. Nachw. v. Franz G. Sieveke. München 1980.

Auer-Krafka, Tamara: Die Entwicklungsgeschichte des westdeutschen Rundfunk-Features von den Anfängen bis zur Gegenwart. Wien 1980.

Austin, Gilbert: Die Kunst der rednerischen und theatralischen Declamation. In der deutschen Übertragung v. Chr. Friedrich Michaelis. Nach der Originalausgabe v. 1818. Mit e. Nachw. v. Hans Pfeiffer. Hanau 1970.

Belke, Horst: Literarische Gebrauchsformen. Düsseldorf 1973.

Besch, Lutz: Bemerkungen zum Feature. In: Rundfunk und Fernsehen 3 (1955) H. 1, S. 94–103.

Binder, Alwin u. a.: Einführung in Metrik und Rhetorik. 3., erg. u. verb. Aufl. Königstein/Ts. 1980.

Bloch, Ernst: Kritik der Propaganda. In: Ders.: Vom Hasard zur Katastrophe. Politische Aufsätze aus den Jahren 1934–1939. Mit e. Nachw. v. Oskar Negt. Frankfurt a. M. 1972.

Bornscheuer, Lothar: Topik. Zur Struktur der gesellschaftlichen Einbildungskraft. Frankfurt 1976.

Breuer, Dieter: Einführung in die pragmatische Texttheorie. München 1974.

Burke, Kenneth: Die Rhetorik in Hitlers ‚Mein Kampf‘ und andere Essays zur Strategie der Überredung. Frankfurt a. M. 1967.

Carlsson, Anni: Die deutsche Buchkritik von der Reformation bis zur Gegenwart. Bern, München 1969.

Cicero, Marcus Tullius: De oratore. Über den Redner. Lat. u. dt. Hg. u. übers. v. Harald Merklin. 2., durchges. u. bibl. erg. Aufl. Stuttgart 1981.

Ders.: Der Redner (Orator). Brutus (De claris oratoribus). Übers. v. Julius Sommerbrodt u. Wilhelm Binder, eingel. v. Marion Müller. München o. J.

Ders.: Rhetorik oder Von der rhetorischen Erfindungskunst. Übers. v. Wilhelm Binder. Stuttgart o. J.

Ders.: Vom Redner (De oratore). Übers., eingel. u. erl. v. Raphael Kühner. München o. J.

Clarke, Martin Lowther: Die Rhetorik bei den Römern. Göttingen 1968.

Curtius, Ernst Robert: Europäische Literatur und lateinisches Mittelalter. Bern, München ⁶1967.

Damaschke, Adolf: Geschichte der Redekunst. Jena 1921.

Dockhorn, Klaus: Macht und Wirkung der Rhetorik. Vier Aufsätze zur Ideengeschichte der Vormoderne. Bad Homburg v. d. H. Berlin, Zürich 1968.

Dovifat, Emil (Hg.): Handbuch der Publizistik. 3 Bde. Berlin 1968–1969.

Dyck, Joachim (Hg.): Rhetorik in der Schule. Kronberg/Ts. 1974.

Eigenwald, Rolf: Festrede. Theorie und Analyse. In: Joachim Dyck (Hg.): Rhetorik in der Schule. Kronberg/Ts. 1974. S. 157–178.

Eisenhut, Werner: Einführung in die antike Rhetorik und ihre Geschichte. Darmstadt 1974.

Elertsen, Heinz: Moderne Rhetorik. Rede und Gespräch im technischen Zeitalter. Neubearb. v. Willfred Hartig. 9., durchges. Aufl. Heidelberg 1982.

Fuhrmann, Manfred: Einführung in die antike Rhetorik. Zürich 1984.

Gadamer, Hans-Georg: Wahrheit und Methode. Grundzüge einer philosophischen Hermeneutik. Tübingen ³1972.

Geisler, Michael: Die literarische Reportage in Deutschland. Möglichkeiten und Grenzen eines operativen Genres. Königstein/Ts. 1982.

Geißner, Hellmut: Rede in der Öffentlichkeit. Eine Einführung in die Rhetorik. Stuttgart, Berlin, Köln, Mainz 1969.

Ders.: Rhetorik. 4., durchges. Aufl. München 1978. (= bsv Studienmaterial)

Glotz, Peter: Buchkritik in deutschen Zeitungen. Hamburg 1968.

Gottsched, Johann Christoph: Ausführliche Redekunst. Leipzig 1736. Nachdr. Hildesheim 1973.

Hamm, Peter (Hg.): Kritik – von wem/für wen/wie. Eine Selbstdarstellung deutscher Kritiker. München 1968.

Hinck, Walter: Germanistik als Literaturkritik. Zur Gegenwartsliteratur. Frankfurt a. M. 1983.

Jamison, Robert u. Joachim Dyck: Rhetorik – Topik – Argumentation. Bibliographie zur Redelehre und Rhetorikforschung im deutschsprachigen Raum 1945–1979/80. Stuttgart–Bad Cannstatt 1983.

Jens, Walter: Republikanische Reden. Frankfurt a. M. 1979.

Ders.: Rhetorik. In: Reallexikon der deutschen Literaturgeschichte. Hg.
v. P. Merker u. W. Stammler. Band III. Berlin, New York ²1972.
S. 432–456.
Ders.: Von deutscher Rede. München 1969.

Keckeis, Hermann: Das deutsche Hörspiel 1923–1973. Ein systematischer
Überblick mit kommentierter Bibliographie. Frankfurt a. M. 1973.
Kisch, Egon Erwin: Nichts ist erregender als die Wahrheit. Reportagen
aus vier Jahrzehnten. Hg. v. Walther Schmieding. 2 Bde. Köln 1979.
Ders.: Reportagen. Ausw. u. Nachw. v. Erhard Schütz. Stuttgart 1978.
Kopperschmidt, Josef: Rhetorik – Einführung in die Theorie der persuasi-
ven Kommunikation. Stuttgart, Berlin, Köln, Mainz 1973.
Kürbisch, Friedrich G. (Hg.): Dieses Land schläft einen unruhigen Schlaf.
Sozialreportagen 1918–45. Berlin, Bonn 1981.
Ders. (Hg.): Erkundungen in einem unbekannten Land. Sozialreportagen
von 1945 bis heute. Berlin, Bonn 1981.

Lausberg, Heinrich: Handbuch der literarischen Rhetorik. 2 Bde. 2.,
durch e. Nachtr. verm. Aufl. München 1973.
Ders.: Elemente der literarischen Rhetorik. München ⁷1982.
Lukács, Georg: Reportage oder Gestaltung? Kritische Bemerkungen anläßlich eines Romans von Ottwalt. In: Schriften zur Literatursoziologie. Ausgew. u. eingel. v. Peter Ludz. Neuwied, Berlin ⁴1970. S.
122–142. (Erstmals erschienen in: Die Linkskurve IV,7,8 (1932) S.
23–30, 26–31).

Martin, Josef: Antike Rhetorik. Technik und Methode. München 1974.
Müller, Adam: Zwölf Reden über die Beredsamkeit und deren Verfall in
Deutschland. Mit e. Essay u. e. Nachw. v. Walter Jens. Frankfurt a. M.
1967.

Perelmann, Chaim: Das Reich der Rhetorik: Rhetorik und Argumenta-
tion. München 1980.
Plett, Heinrich F.: Einführung in die rhetorische Textanalyse. 2., durch-
ges. Aufl. Hamburg 1973.
Ders. (Hg.): Rhetorik. Kritische Positionen zum Stand der Forschung.
München 1977.
Ders.: Textwissenschaft und Textanalyse. Semiotik, Linguistik, Rhetorik.
Stuttgart 1974.
Polgar, Alfred: Kleine Schriften. 4 Bde. Hg. v. Marcel Reich-Ranicki in
Zusammenarbeit m. Ulrich Weinzierl. Reinbek bei Hamburg 1984.
Pürer, Heinz (Hg.): Praktischer Journalismus in Zeitung, Radio und
Fernsehen. Salzburg 1984.

Quintilian, Marcus Fabius: Ausbildung des Redners. Lat. u. dt. Hg. u. übers. v. Helmut Rahn. 2 Bde. Darmstadt 1972 u. 1975.
Ders.: Über Pädagogik und Rhetorik. Eine Auswahl aus der „institutio oratoria". Übertragen, eingel. u. erl. v. Marion Giebel. München 1974.

Reich-Ranicki, Marcel: Entgegnung. Zur deutschen Literatur der siebziger Jahre. Stuttgart 1979.
Ders.: Lauter Verrisse. Erw. Neuausgabe. München 1984.
Ders.: Literarisches Leben in Deutschland. München 1965.
Ders.: Literatur der kleinen Schritte. Deutsche Schriftsteller heute. Frankfurt a. M., Berlin, Wien 1971.
Ders.: Nachprüfung. Aufsätze über deutsche Schriftsteller von gestern. München 1977.
Reiners, Ludwig: Stilfibel. Der sichere Weg zum guten Deutsch. München [10]1970.
Ders.: Stilkunst. Lehrbuch deutscher Prosa. München [7]1980.
Rhetorik. Ein internationales Jahrbuch. Hg. v. Joachim Dyck gemeinsam m. Ludwig Fischer, Walter Jens, Klaus Pawlowski u. Gert Ueding. Bd. 1ff. Stuttgart–Bad Cannstatt 1980ff.

Schanze, Helmut (Hg.): Rhetorik. Beiträge zu ihrer Geschichte in Deutschland vom 16.–20. Jahrhundert. Frankfurt 1974.
Schlüter, Hermann: Grundkurs Rhetorik. München [8]1983.
Schütz, Erhard: Kritik der literarischen Reportage. München 1977.
Schumann, Otto (Hg.): Grundlagen und Technik der Schreibkunst. Handbuch für Schriftsteller, Pädagogen, Germanisten, Redakteure und angehende Autoren. Herrsching 1983.
Sieburg, Friedrich: Zur Literatur. Werkausgabe. Bd. 1: 1924–1956. Bd. 2: 1957–1963. Hg. v. Fritz J. Raddatz. Stuttgart 1981.
Siegel, Christian: Die Reportage. Stuttgart 1978.

Ueding, Gert (Hg.): Einführung in die Rhetorik. Geschichte – Technik – Methode. Stuttgart 1976.

Volkmann, Richard: Die Rhetorik der Griechen und Römer in systematischer Übersicht. Leipzig [2]1885. Nachdr. Hildesheim 1963.

Wallraff, Günter: Neue Reportagen, Untersuchungen und Lehrbeispiele. Köln 1972.
Weithase, Irmgard: Zur Geschichte der gesprochenen deutschen Sprache. 2 Bde. Tübingen 1961.

Athenäum Taschenbücher
Sprachwissenschaft

Wolfgang Eichler/
Karl-Dieter Bünting
Deutsche Grammatik
Form, Leistung und Gebrauch
der Gegenwartssprache
AT 2136. 3. Auflage 1986.
316 Seiten.
ISBN 3-7610-2136-4

M. Braunroth u. a.
**Ansätze und Aufgaben der
linguistischen Pragmatik**
AT 2091. 2., neubearbeitete Auflage
1978. 329 Seiten.
ISBN 3-7610-2091-0

Karl-Dieter Bünting
**Einführung in die
Linguistik**
AT 2011. 11. Auflage 1984.
270 Seiten.
ISBN 3-7610-2011-2

Karl-Dieter Bünting/
Henning Bergenholtz
Einführung in die Syntax
Grundbegriffe zum Lesen
einer Grammatik
AT 2139. 1979. 136 Seiten.
ISBN 3-7610-2139-9

Udo Gerdes/
Gerhard Spellerberg
**Althochdeutsch –
Mittelhochdeutsch**
Grammatischer Grundkurs
zur Einführung und
Textlektüre
AT 2008. 6., durchgesehene
u. ergänzte Auflage 1986.
180 Seiten.
ISBN 3-7610-2008-2

Werner Kallmeyer/Wolfgang
Klein/Reinhard Meyer-
Hermann/Klaus Netzer/
Hans-Jürgen Siebert
**Lektürekolleg zur
Textlinguistik**
Band 1: Einführung. AT 2050.
4. Auflage 1986. 302 Seiten.
ISBN 3-7610-2050-3
Band 2: Reader. AT 2051. 1974.
312 Seiten.
ISBN 3-7610-2051-1

Wolfgang Klein
Zweitspracherwerb
Eine Einführung
AT 2171. 1984. 208 Seiten.
ISBN 3-7610-2171-2

Wolfgang Klein/
Dieter Wunderlich (Hrsg.)
**Aspekte der
Soziolinguistik**
AT 2017. 3. Auflage 1973. 340 Seiten.
ISBN 3-7610-2017-1

Gert Ueding
Rhetorik des Schreibens
Eine Einführung
AT 2181. 2. Auflage 1986. 151 Seiten.
ISBN 3-7610-2181-X

Dieter Wunderlich
Arbeitsbuch Semantik
AT 2120. 1980. 368 Seiten.
ISBN 3-7610-2120-2

Bitte Taschenbuch-Prospekt
anfordern

athenäum

Savignystr. 53
6000 Frankfurt/Main 1

Der gelungene Versuch, Goethe in seiner Universalität darzustellen

Band 1:
Hälfte des Lebens
530 Seiten,
gebunden

Band 2:
Summe des Lebens
614 Seiten
gebunden

Conrady schildert Goethe als Bürger seiner Epoche, seiner Umwelt und Gesellschaft, der die Probleme der Zeit und der eigenen schwierigen Individualität in seinen großen Romanen, Gedichten und Schauspielen zu bewältigen sucht.

athenäum

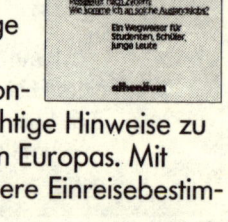

Studentenkarriere?

280 Seiten
mit 18 Cartoons, kt.

Wer endlich die ‚alma mater' betreten darf, der hat es heute schwer, sich im Massenbetrieb der Hochschulen zurechtzufinden. „UniStart" will den Studienanfängern aller Fachrichtungen Orientierungshilfe geben. Erfahrene Studienberater informieren über: den Hochschulbetrieb · die Angst im Studium · Einstellung zum Studium · frühzeitige Berufsorientierung u. v. a. m. Mit wichtigen Kontaktadressen und Telefonnummern.

Ein Praktikum ist für viele Studentinnen und Studenten die einzige Chance, erste Berufserfahrungen zu sammeln. „Das PraktikantenBuch" soll helfen, diese Phase optimal zu nutzen; zur Anwendung des Wissens, das man an der Universität oder Fachhochschule erworben hat, und zum Anknüpfen wichtiger Kontakte für den beruflichen Start.

Etwa
192 Seiten, kt.

3., erweiterte und überarbeitete Auflage. 296 Seiten mit 15 Cartoons, kt.

Hochschulabgänger – und arbeitslos? Das muß nicht sein. „Das Umsteigerbuch" bietet Orientierungshilfen für den Umstieg – wichtige Informationen, Adressen und Tips von Branchenkennern. Das ABC der Berufe und Berufsfelder, das Umsteigerbuch wurde um einige Themen erweitert. – Konzert- und Theatermanager, – Perspektiven für Sozial- und Geisteswissenschaftler in Mittel- und Großbetrieben.

Fast alle reden von der Arbeitslosigkeit. Nur die „Szene" nicht, denn sie erlebt einen regelrechten Gründerboom. Horst Speichert hat Alternativbetriebe im ganzen Bundesgebiet und Westberlin besucht. Seine Reportagen stellen die Betriebe vor und die Menschen, die dort arbeiten – ihre Geschichte, ihre Hoffnungen, ihre Alltagsprobleme und ihre Perspektiven.

212 Seiten
mit Abbildungen, kt.